Matices del amor

encuentro

Matices del amor

Descubre el amor en ti

Shanya

(Marcela Robles Mac Farland)

encuentro

EL LIBRO MUERE CUANDO LO FOTOCOPIAN

Amigo lector:

La obra que tiene en sus manos es muy valiosa. Su autor vertió en ella conocimientos, experiencia y años de trabajo. El editor ha procurado dar una presentación digna de su contenido y pone su empeño y recursos para difundirla ampliamente, por medio de su red de comercialización.

Cuando usted fotocopia este libro o adquiere una copia "pirata" o fotocopia ilegal del mismo, el autor y editor no perciben lo que les permite recuperar la inversión que han realizado.

La reproducción no autorizada de obras protegidas por el derecho de autor desalienta la creatividad y limita la difusión de la cultura, además de ser un delito.

Si usted necesita un ejemplar del libro y no le es posible conseguirlo, escríbanos o llámenos. Lo atenderemos con gusto.

EDITORIAL PAX MÉXICO

Título de la obra: Matices del Amor

COORDINACIÓN EDITORIAL: Gilda Moreno Manzur
DIAGRAMACIÓN: Abigail Velasco
PORTADA: Víctor Gally

Av. Cuauhtémoc 1430
Col. Santa Cruz Atoyac
México DF 03310
Tel. 5605 7677
Fax 5605 7600
www.editorialpax.com

Primera edición
ISBN 978-607-9346-97-3

Para Volutier.

Para mis alumnos y hermanos
de esta aventura llamada Amor.

Para Arrate Pacheco (†).

Índice

Agradecimientos

A las personas que me han ayudado a creer en el Amor.

Gracias a:

Mi familia, amigos y al padre de mis hijos.

Mis maestros: Alfonso Ruiz Soto, Jñana Dakini (Georgina Martínez), Osvaldo Acosta, Monyca Bouras, y Bernardo Camarena.

Mis hermanos de luz: Ángeles Arcell, Anaite Sagastume, Ana Gabriela Robles, Alea Canudas, Carmen Sánchez, Don Pascual, Elena Felgueres, Gabriela Aguayo, Gibraín Vergara, Ileana Miranda, Marigeli Lozada, Mayra Leal, Maricarmen Roa, Miguel Ángel Domínguez, Nicolás Pauccar y Yazmin Pheres.

Y a Kalamas Sadak (Jorge García Montaño), gran amigo y buscador de la paz interior, por tan amable prólogo e interminable amor.

Prólogo

Después de leer el libro de mi hermana espiritual Shanya (Marcela Robles Mac Farland), me quedo con la sensación de que sus palabras están directamente relacionadas con el bello rostro de ella y con sus historias y sentimientos.

Para empezar, se puede decir que el título queda corto respecto a lo que Shanya nos quiere decir desde sus primeras páginas. Escribir sobre el amor parece que está fuera de moda, fuera de contexto, en un mundo cada vez más materialista, individualista, en el que los tres venenos de los que habla El Buda –la codicia, el odio y la ofuscación– parecen ser las emociones que llevan las riendas de nuestros mundos posmodernos.

El Amor, así con mayúscula como la autora lo escribe, es un tema que cada uno de nosotros quisiéramos experimentar y sentir a toda hora, en todo momento y en todos los espacios.

Sabemos que el Amor es lo que cimienta la verdadera felicidad en los seres humanos: cuando en los corazones solo aparece la sensación y la volición del Amor, nada malo puede suceder, no hay posibilidad de abrir la rendija a la frustración o al miedo.

Las historias que Marcela Robles cuenta en estas páginas versan sobre Ángeles, Chamanes y Canalizadoras, todas y todos intentando sacarnos de las trampas de la ignorancia, de las aversiones y los apegos. Nos cuenta los sucesos, muchos de ellos verdaderas leyendas, que, como es lógico, pueden aparecer como cuentos o como historias verdaderas. ¿Quién puede decirlo? Lo que importa es el mensaje, la belleza de la imaginación que va en busca del Amor: aquello por lo cual se vive y vale la pena seguir viviendo. Así es como surgen en este libro los mensajes de su maestro espiritual Volutier, que narra cómo nos hemos perdido en las formas y señala el camino para que cada uno de nosotros podamos regresar a nuestra verdadera esencia: a esa pura humanidad que somos como Amor. Todo lo creado por Dios, incluso el Mal, es creado por Amor. Por eso se manifiesta como gozo, compasión y salud. El Amor es una energía que apenas estamos comprendiendo, cuyas cualidades –el silencio, la expansión, el agradecimiento y la alegría– Shanya nos explica en este libro.

El Amor tiene sus matices: todo depende de sus contactos con la conciencia, de nuestras necesidades y del modo en que cada uno de nosotros nos integramos con los demás; es decir, de las formas con las que aceptamos las realidades del Otro y de la misma divinidad.

Más adelante la autora nos señala, punto por punto, cómo se desenvuelve el Amor en las familias, en las parejas, con nuestros hijos e hijas y con nuestras amistades. Nos hace un llamado central, un cuestionamiento esencial: ¿Quién eres Tú?

De hecho, esta obra tiene mucho que ver con el contacto que podemos lograr, por medio de la meditación, la reflexión y la experimentación de rituales y prácticas milenarios, tanto de nuestros ancestros como de otras culturas, con la Luz, con aquellos que todos los sabios y sabias nos han informado: *la Verdad*. Con la misión de cultivar esa Verdad que es Amor, al final del texto encontramos las maravillas de la práctica del Amor que es incondicional por naturaleza propia y que es perfecto en el momento en que existe como una realidad del mundo. Y gracias a esa incondicionalidad del Amor es como podemos sanar nuestras heridas, nuestros errores y nuestras culpas. Los maestros, como Buda y Jesús, han sido el centro de dichas enseñanzas.

Shanya, Marcela Robles, en carne propia manifiesta el trabajo de una sanadora, de una contactada, de una guerrera del Amor. Personalmente he participado en su ritual del Amor del Sagrado Corazón de Jesús y ha sido en verdad una sublime experiencia de sanación y de espiritualidad. Vienen al final otras prácticas, como la del

Amor en Pareja, el Amor Mental, Sexual y Filial; y el que abarcó todo: el Amor Cósmico o Celestial. De allá venimos y allá iremos en el Amor del Renacimiento. Pero para eso necesitamos maestras como Shanya que nos ayuden a emprender el camino, que nos señalen la luna de la Paz y el sol del Amor, que hoy nos urge cultivar frente a tanta violencia y agresión humana.

Shanya es una guerrera y este libro, un arma para desarraigar el odio en nuestro mundo. ¡Qué alegría que estés aquí!

Ciudad de México
Kalama Sadak (Jorge García Montaño)

Una constante que he encontrado a lo largo de mis años como guía espiritual es la dualidad del ser humano respecto a su camino de vida. Esa lucha constante entre lo que se sabe que es mejor para cada uno y esa necesidad inconsciente de caer en los patrones repetidos creando miles de complicaciones.

No recuerdo gran cosa de mi infancia: algunas reuniones familiares, viajes, juegos y peleas con mis hermanos (los momentos buenos son asimilados con la alegría del buen vivir); sin embargo, sí recuerdo muchos momentos de inseguridad y sufrimiento. Mi claridad sobre mi pasado se ha creado a medida que me he depurado y he logrado comprender, por medio de mi propia experiencia, los pasos de la evolución del ser humano y su decisión personal de vivirla de la forma en que desee.

Cuando era pequeña, mi padre tenía dos trabajos y su tiempo personal para la familia era muy reducido. Llegaba a casa agotado, cargado de estrés y mal humor. Casi nunca lo veíamos y cuando estaba presente, dormía o intentaba "educar" con principios muy conservadores y autoritarios dejando huellas de sometimiento y dominio. Esto era muy común en la década de 1970, en la que los padres se regían –como muchos siguen haciéndolo hoy– por ideas basadas en culpas, sexismo y autoridad.

Mi madre fue educada para obedecer al hombre cuando ni siquiera se vislumbraba que hubiera razones suficientes para vivir sola con tres hijos si una relación no funcionaba; la suya dejó de funcionar a los pocos años de casada, y sin embargo mis padres permanecieron juntos 30 años. Durante estos años hizo un esfuerzo extraordinario para sacarnos adelante con su fortaleza y nunca se rindió, aunque mostró demasiado sometimiento. Cariñosa –a su manera– con nosotros, nos mostraba los diversos caminos hacia el Amor, aunque estos a veces resultaran confusos.

Viviendo de cerca el matrimonio de mis padres, comprendí que el miedo es lo contrario al Amor. La anulación de la persona de mi madre y de sus opiniones fueron un ejemplo para mí, lo que causó el mismo trato e invalidación de mi ser y de mis decisiones. Asimismo, a lo largo de mi infancia y juventud pasé por varias etapas de caos en las que busqué escapar de casa y tomar un respiro. Miraba el cielo y sabía que había un cielo diferente, una familia diferente. Ahora que veo a mis padres los veo *con y sin sus heridas*, comprendiendo y sintiendo sus caminos evolutivos hacia esos cielos celestiales a los cuales yo aspiraba y a los que estaba segura de que algún día llegaría aunque fuera hasta la muerte.

Desde niña sentí el enojo, siempre presente, tan fuerte como una pasión indestructible por la vida; los conflictos de mis padres provocaban que mis hermanos y yo albergáramos sentimientos de vergüenza. Eso generaba en mí una gran rabia y me hacía cuestionarme sobre la vida, las relaciones y el verdadero Amor. Mi estómago, lleno de acidez, lloraba de impotencia de no poder hablar y defender mis opiniones. Y ahora que educo a mis hijos no creo en el autoritarismo; trato de ser "liviana" –aunque a veces termino siendo "barco"–, buscando el equilibrio, lo que ha sucedido conforme he crecido y madurado.

En mi juventud empecé a dar, de una u otra forma, consejería a mis amigas, pero mi mal carácter prevalecía. Era bastante intolerante si la gente no quería cambiar –eso es algo con lo que hasta la fecha sigo trabajando–: después de todo –me decía–, si existe ese "cielo celestial" al que yo he ido, ¿por qué la gente no quiere alcanzarlo? Ser intolerante y muy sensible también fue el resultado de haber vivido una infancia con innumerables críticas a mi persona. Por eso, lograr reconstruirme me ha costado mucha entrega, observar de cerca mis dolores y recordarlos, para bendecir, soltar y perdonar obteniendo recompensas que han sido grandiosas. Una de estas recompensas ha sido la capacidad de enseñar y llevar a lo más alto la experiencia de cada persona para que consiga ser lo mejor que pueda ser, sentir su camino y agradecer todo que este le depara. Siempre el agradecimiento suavizará cualquier intento de la mente de sentir lástima por uno mismo. Y como maestra te lo digo ahora, para nosotros también es complicado y ha sido difícil dejar de quejarnos y dejar de autoexigirnos. Es un balance y un proceso soltar los lastres de cada uno para sostener a otras personas y obtener la luz que se crea con este vínculo que ahora te ofrezco y que permite mover realidades y crear cosas extraordinarias y liberadoras.

A los 18 años, mi madre me llevó a una terapia convencional y a cursos de desarrollo humano. En un taller, algo que dijo el maestro llamó la atención de mi primo Paco, quien mirándome me dijo: "¿Ah, entonces sí hay una solución? ¿Puede todo cambiar?" Yo contesté: "Sí". Nos faltaba madurez para saber que todo puede cambiar en un instante, que es uno mismo el que cambia esa parte donde somos todos y uno a la vez. Todo cambio siempre viene del interior, aunque algo o alguien te haya inspirado. Son esos instantes que te llevan a buscar la completitud en ti.

Por estos años conocí, poco a poco, mi sexualidad de forma sana, aunque la educación que recibí en casa transmitía mucha culpabilidad a mi género; el solo hecho de ser mujer era ya una desventaja y una vergüenza. Me sentía observada y a veces sin valor. En momentos confusos me conectaba con mi "cielo celestial", donde me sostenía la esperanza de una vida mejor, a diferencia de "la realidad" que vivía, en la que no era clara la apreciación de mi persona, propia y de otros. A esto se sumaron varias situaciones de desconfianza de parte de mi padre, creando realmente en mí un arquetipo de prostituta y culpable. En mis relaciones, dudaba de si debía abrir o no mi corazón, por lo que estas relaciones resultaban casuales o neuróticas. Por ello, integrar mi sexualidad ha tenido que ver con abrazar mi feminidad y darme permiso de ser, dar y tomar lo que el Universo tiene para mí.

En los últimos años mi padre ha cambiado y ha desistido de muchas ideas viejas que ya no le funcionan. Es un abuelo comprometido y cariñoso, y yo lo abrazo viéndolo como un ser en evolución quien, también en su derecho, ha vivido su vida como ha querido, llevándome a respetar sus ideas y a desapegarme de él como autoridad.

Todos vivimos diferentes experiencias. Yo te cuento la mía y si te ves reflejado de alguna manera, entonces te invito a abrazarte y liberarte. Un maestro me dijo: "Si necesitas permiso para ser abundante, yo te lo doy en este momento", y eso mismo hago el día de hoy contigo. El Universo, Dios, en sus múltiples manifestaciones, crea todo de forma visible e invisible para que sostengas tus pasos y llegues a realizarte... y cuando estás en el borde antes de darte cuenta de que Él está ahí, verás que en realidad Él había llegado desde mucho antes. Comprende que el futuro lo hiciste ayer, no hoy, y que nunca has estado solo. Siempre te han acompañado tus guías y Dios, por eso todo el Amor es tuyo.

El día que me casé, mi madre me dijo que dejaría a mi padre, ya que solo había esperado a que me casara "bien" para divorciarse. Esa confesión hizo que respirara aliviada, y a la vez sintiera lástima porque hubiera esperado tantos años para ser libre. Permitir que las personas decidan cuál es "su mejor opción", me ha liberado de cualquier carga que no me corresponde y me hace creer en la perfección del caos personal y colectivo, así como en la Gracia personal y del Universo. Al ser maestra, enlazo mi sabiduría y conocimiento con las líneas de tiempo de mis alumnos. Me permito ayudarles, si sus corazones han decidido mejorar y abrirse al Amor. Es un camino que nunca termina, porque cuando has alcanzado el verdadero Amor, lo que sigue es expresarlo siendo tú mismo en todo momento, y ese es el verdadero reto de este milenio, "ensalzar a los demás con solo ser tu esencia". Antes, algunas personas eran reveladas de esa forma como budas o iluminados;

ahora, libros como estos, maestros y personas comunes presentes en todos lados son expresiones de la luz de Dios.

Después de un tiempo de casada, inició en mí una fuerte crisis de existencia. Lo que vivía en mi matrimonio no me convencía del todo, no era lo que quería y no recibía Amor como, según yo, "debería ser". En esa incomodidad me fui percatando de que necesitaba amarme a mí misma y no esperar ese reconocimiento de lo que yo era de mi padre o, de su remplazo, mi pareja. Esa proyección del Amor incompleto llegó hasta mis maestros físicos e incluso los maestros espirituales, y al no encontrar lo anhelado tampoco en ellos, llegué al vacío y al abandono de todas mis ideas, sin poder aferrarme a ellas porque cada vez era más evidente que el Amor interno, un matiz que conocerás más adelante, era el siguiente paso.

Cuando nació mi segundo hijo descubrí la yoga y esta se convirtió en una gran ayuda en mi vida. Un camino para lograr la relajación, el centro y la conexión conmigo misma que en ningún otro lado había tenido. Así que decidí que los siguientes años me dedicaría de lleno a ser maestra, a dar clases; y así lo hice. Esta conexión con el cuerpo y la espiritualidad abrió en mí el conocimiento sobre el budismo que mejoró mis actitudes y mis capacidades para meditar y dejar la mente.

Algo de lo mucho que sucede cuando comienzas a evolucionar es que te das cuenta de lo que te gusta y lo que no te gusta. Esto me hace recordar cuando me divorcié del padre de mis hijos. Él reflejaba tanto mis experiencias de niña, que disparó un enojo automático que viví durante un tiempo y, de la misma manera, generó ciertas huellas en mis hijos. En esta separación traté de ser amable conmigo y comprender mi "nivel de conciencia" de ese momento. No me alcanzaba para ser amorosa ni conmigo, ni con nadie, y sentirme fracasada también me confundía. No comprendía mi parte de responsabilidad de mi realidad creada y mis necesidades inconscientes de repetir patrones de sufrimiento y machismo. Ahora que lo he sanado, respiro, bendiciendo mis relaciones y a mis padres, soltando mi pasado como algo grandioso y compartiéndolo contigo en este libro.

En este recorrido encontré que el Amor, como se le conoce, se relaciona con el afecto que se intercambia con la familia y con la pareja, mas es este estado desde la línea universal, es decir, desde tu alma en relación con todo el Universo, un estado particular de describir y comprender. Para empezar, te digo que manifestarlo es parte fundamental de cualquier ser humano. No es un estado que haya que desarrollar, ya naces con él y se mantiene puro en tu conciencia a medida que creces. Sin embargo, es en la misión del alma, que este estado es seccionado y olvidado, desarrollando creencias distorsionadas debido a las experiencias que vives, que te alejan de él, así como de sus estados relacionados como la fe, la gracia, la bondad y la pureza.

Es tu derecho por nacimiento, y renacimiento, que el Amor, en todos sus matices, sea tu guía hacia tus despertares y recuperaciones de memorias para llegar al fin último de todo ser humano: liberarse del Samsara (ciclo de nacimiento, vida, muerte y renacimiento en el budismo) y terminar esta aventura. La fuerza del Amor siempre será el camino que te llevará a tu despertar final.

Hoy, puedo abrazar y bendecir todas esas experiencias pasadas y difíciles, aceptando las causalidades de las almas que se reúnen en acuerdos para que las misiones se realicen y sean superadas y liberadas. Gracias a todo lo vivido, es por la que ahora te escribo y te abrazo. Sé por experiencia que el ser humano tiene, según su edad física y espiritual, la capacidad de asimilar experiencias, y cuando estas sobrepasan esa capacidad, se convierten en bloqueos. Depurar esos bloqueos y expresar el Amor como ser de luz es el camino a todo despertar.

Podrás incluir confusiones, abusos, experiencias terribles dentro de tus realidades para entender los estados opuestos a esto que has vivido y ha creado tu estilo de vida y de pensamiento, pero son estas crisis y recuperaciones las que te llevarán a desear dentro de ti llegar a tu verdadera esencia. Este sentimiento es único, no se olvida por más irreal que creas que es tu vida. Siempre sentirás que puedes ser mejor, que hay algo más allá de lo que tú llamas vida y que puedes hacer algo diferente. Esta sensación de que el aprendizaje nunca termina se libera cuando dejas de sentir que necesitas recibir algo de los demás y te sientes completo.

Todo en el Universo, en sus distintos elementos, seres, realidades y pruebas, tiene en sí mismo una correlación con todo lo que existe. Esto significa que tus células guardan memoria de todo lo que el Universo ha creado y cómo funciona, por lo que nada es o podría ser imposible de manifestar para ti. Mas la falta de Amor, y el Amor comprendido desde un lugar distorsionado, te alejan por completo de esta universalidad macrocósmica cuando en estos tiempos se regresa a estas memorias de forma más ecuánime y sostenida, moviéndote a ver en tus pasos que sí es tu deseo crecer y continuar evolucionando.

La felicidad es una decisión, recuérdalo.

Y el Amor está ahí, en todos los rincones de tu ser.

En mi vida hasta cierto momento, todo había sido un caminar dentro de los acontecimientos comunes en la vida de una madre y mujer casada.

Durante los años siguientes participé en varios entrenamientos en chamanismos de diversas tradiciones, entre ellos, el Laika de los chamanes de Perú. Esto me abrió a nuevos despertares de mi alma. Fue el chamanismo el que creó un cambio en mi vida, el que me hizo experimentar grandes sorpresas, extraordinarias y caóticas, luminosas y oscuras, en esta y en otras dimensiones, y me llevó hasta donde estoy ahora.

De manera simultánea a estos entrenamientos acudí a una escuela de desarrollo humano donde por un tiempo aprendí a desapegarme, a entender las realidades, a reconocer mi propia voz y a bendecir a mi supuesta "prostituta", entre otros arquetipos.

Aprendí también a soltar mi necesidad de los maestros y, más adelante, sintiéndome reflexiva, escuché una voz que me dijo: "Tú eres una Maestra, ya no más maestros físicos".

En 2011 hablé con una amiga canalizadora de ángeles, tuvimos una sesión y al canalizarme a mi ángel, le pregunté sobre los maestros ascendidos. Le comenté que una chica llamada Arrate canalizaba al maestro Elan y le pregunté si me recomendaba ir con él, pues me causaba curiosidad saber hacia dónde me dirigía.

La contestación de mi Ángel fue: "Este maestro es muy directo, trabaja de una forma en la que si no te aplicas en tu crecimiento no sigue contigo, tiene muy clara la realización del ser humano". Continuó: "Tú tienes un maestro ascendido en tu campo áurico que ha querido acercarse a ti, pero lo hará en función de que trabajes con el maestro Elan".

Así que días después fui a ver a Arrate. Ella me dio la canalización (el mensaje): Elan me comunicó que me ayudaría a conectarme con mi maestro, el cual estaba ya cerca. Me reconoció como un ser de luz claro en mi misión, me guió en mi manejo de energía y mi futuro probable en la vida. Entre otras cosas, me señaló que me habían enseñado a limpiar mi sombra pero no a "ver mi luz" y que eso era necesario para que mi maestro y yo camináramos juntos de forma hermosa y expansiva enseñando como maestra, el camino del desarrollo de la conciencia y la magia. Después de este encuentro inicié un trabajo de siete meses con Elan orientado a reconocerme y aprender a canalizar a los maestros. Realicé varios intentos frustrantes en este proceso, y proyectaba en Elan mi confusión y mi soberbia; a su vez, él me mostró el camino hacia el Amor. Ese enojo tan grande que proyecté en Elan era el reflejo del que sentía hacia mi padre; al ver a este Maestro como autoridad, el sentimiento afloraba para ser limpiado. En medio de esa incomodidad me di cuenta de que era tiempo de amarme de verdad y permitirme abrir mi corazón.

En esta crisis hablé con el Creador y le dije con lágrimas y desolación absoluta: "Está bien, no encuentro el Amor como a mí me gustaría porque es una fantasía; no lo encontraré en una pareja, menos aun en mis maestros que están más lejanos de mí, ni en mis guías espirituales pues ellos tienen otra misión. Entonces ¿por qué sigo aferrándome? No lo comprendo, pero hoy suelto esta fijación y te la dejo a ti. Tú, el Universo, serás mi padre y mi madre, porque de ti viene mi alma y al sentir tu totalidad espero sentir a mi Ser integrándolo todo".

Y así fue. Sentí por primera vez que ese vacío de esa niña mirando el cielo comenzaba a llenarse de algo, como una certeza de que había más en mí, que se manifestaba en una sonrisa. Era mi Ser que agradecía la crisis y por fin: el Amor incondicional.

Si este vacío (madre o padre) se busca sin lograr integrar por completo es porque lo que en realidad se quiere recibir es la aceptación del Creador. Cuando encarnas por primera vez, olvidas que elegiste vivir estas experiencias para crecer y evolucionar sintiendo un abandono profundo tan fuerte como el Amor de tu alma. Aunque vivas aquí en esta realidad, existe una leve sensación de vacío que viene de este supuesto primer abandono. Cuando limpias tus heridas, sientes de nuevo el Amor puro del Creador sanando esta sensación.

Cuando entendí esto dejé de necesitar a mi padre físico, conservando el cariño humano.

Unos meses después fui a un retiro con mis hermanos chamanes, en el que fungí como asistente del maestro del taller. De regreso, mis hermanos waikis pidieron venir a mi casa a dormir para luego regresar a sus hogares en provincia. Gibrain, un maestro cósmico, me dijo: "Tu maestro está aquí y dice que si estás lista para encontrarte con él". ¡Wow, el momento tan esperado! Para mí, fue algo extraordinario. Gibrain y Marigeli (una gran sanadora) realizaron todo un proceso para crear el escenario espiritual de apertura, con el fin de abrir mis canales, subir mi frecuencia y encontrarnos. Así que por primera vez la voz de mi maestro ascendido fue canalizada por Gibrain. Uno a uno se abrieron mis centros de energía (chakras), decretando las posibilidades únicas de cada centro y permitiendo a mi alma salir del cuerpo físico para encontrarme con el maestro; al salir, mi corazón se alineó al de Él, me abrazó y pude verlo por primera vez muy luminoso y expandido. Desde ese entonces, cuando necesito sentir su presencia lo llamo y me conecto con su corazón que ya es mi corazón. Y cuando me sana o trabaja conmigo, mi chakra del corazón se abre, expande y florece hermosamente.

Tardé unos días en saber su nombre completo: Shaman Raya Volutier, quien en su última vida había sido un maestro iluminado en la India. Poco a poco me di cuenta de que lo canalizaba ya que, cada vez más, escuchaba una voz —muy suave y amorosa—, como un pensamiento, con un tono y un vocabulario diferente del mío. Así entablaba, y sigo entablando, interesantes diálogos con él, sobre todo cuando no comprendo emociones o situaciones que me confunden. Después de unos meses me dijo: "Comienza a canalizar para otros, es necesario", y así, comencé a dar mensajes en mis consultas y a entender sus mensajes también con imágenes.

Después de nueve meses de estar juntos y comenzar a escribir este libro, empecé a tener visiones de vidas pasadas. Y comprendí que, como almas, antes de venir a este cuerpo tomamos una decisión sobre el tipo de experiencia y misión que queremos vivir para crear una conciencia más evolucionada. Este mundo, es el "mundo de los sueños", al que las almas más valientes vienen a crear infinidades de realidades para reconocerse como seres de luz y amor. En ese sentido, entiendo muchas de mis vidas anteriores y su impacto en la presente; me percato de que mucho de lo que percibo de mí misma viene de otras formas que he sido anteriormente, lo que me ayuda a comprenderme y a ser menos dura conmigo y más benevolente.

Volutier me dio, a petición mía, un nombre espiritual: Achintya, que usé durante casi todo el año 2012. Conforme recordaba estas vidas, un día quedé sorprendida cuando, haciendo práctica de Shiva, descubrí que Volutier fue un ser humano que al iluminarse y trascender eligió regresar a ayudar a expandir la conciencia por medio de un maestro físico y me eligió a mí. En esa vida nos conocimos; yo era maestro de la tradición shaivista y mi nombre era Achintya. Fue un choque enterarme de que me eligió a mí como un maestro y ser de luz, cuando había vivido mucha soberbia y enojo. Verme a mí misma como maestra, con mi autoestima devaluada en ciertos aspectos, era casi inaceptable. Requerí varios meses, momentos y charlas con Volutier para percibir lo que soy, sin darle vuelo al ego, y aceptarlo. Más adelante pude conectarme mejor con Volutier, Jesús y otros maestros y guías de mis alumnos. No deja de sorprenderme lo que aprendo y recuerdo sobre los mundos y dimensiones que incluye el Universo, los cuales muestran en muchas formas, los aspectos del Amor universal.

En septiembre del mismo año, cercano a lo que se anunció durante tanto tiempo como un brinco cuántico de conciencia, mucha gente pasó por pruebas de desapego, desamor, oscuridad, enojo, tristeza y frialdad hacia el camino del Amor incondicional. Yo no fui la excepción. Fue en retiro chamánico donde pedí en una sanación conocer el verdadero Amor del Creador, y lo que se creó fue una experiencia terrible para mí, muy dura y confrontante hasta el punto de abandonarme por completo. Sin fe, sin identidad, sin fuerzas, conseguí llegar a creer, otra vez, en mí y en Dios. Eso me levantó y me hizo sentir, cada vez más, el Amor celestial, el Amor divino, el Amor trascendental y el Amor incondicional, que son, entre otros, los diferentes *matices del Amor.* La experiencia provocó la apertura de ascensión y conexión con una enorme evolución.

Se sanaron los siete chakras de la falta de amor de vidas pasadas y en cada uno tuve una visión. Esas visiones, algunas simples, otras aterradoras y otras del mundo superior, se presentaron a lo largo de un año. Te puedo contar que durante unos meses se generó una batalla de luz contra los seres de oscuridad de mis vidas pasadas e incluso de esta. Se trataba de limpiar lo que ya no iba en mí.

Uno de los puntos importantes que marcaron la diferencia en esta prueba fue cuando pude aceptar mi luz en toda esa oscuridad, siendo ayudada por "Apuchin" (energía superior del Cóndor del Este), el cual en un respiro me llevó al Sol. Desde ese entonces, todos los días tomo cinco minutos de sol y me conecto con él, con la tierra y los mundos superiores. Mi madre fue una gran ayuda en estos tiempos. Sin muchas preguntas me dio la asistencia que necesité, lo que me permitió sentir la fuerza del Creador y mi propio Ser espiritual.

En una de las visiones que tuve, una mujer con una túnica blanca me sanaba con una estrella en el corazón, me señalaba el mundo superior y me decía: "Mira las estrellas, allá vas". Se trataba de Arrate. Esta experiencia fue una prueba de vida que ahora veo con todas las bendiciones y los alcances de esa sanación. Fue el corazón abierto y valiente que dijo: "Va, que salga todo". Finalmente, Arrate me sacó del inframundo y me mostró el camino verdadero como ahora yo quiero hacerlo contigo.

Todos los seres del mundo vienen a conocer el Amor, así sea su última misión como forma de energía, sin importar de dónde vienen o qué quieren. Para mí, el Amor fue mi mejor defensa y el estado que me liberó, aunque tuve que pasar por todos mis miedos y limpiar mi corazón para despertar y salir airosa. Arrate falleció de cáncer en abril de 2013 y mientras estaba enferma, con todo su Amor incondicional, me dio guía cuando yo pasaba por esta experiencia. Mi corazón siempre se lo agradecerá.

Durante esta prueba comencé a hablarle a Dios, y un día me contestó –no podía creerlo–: "Pero si te hablo todo el tiempo, solo que no me escuchas tan claro como ahora". Así, he comenzado a hablar con Él y a plantearle preguntas sobre dualidades que me incomodan todavía, así como sobre mi misión. Una de las cosas que me pidió fue que tomara mi autoridad espiritual y empezara a dar iniciaciones, sanaciones y guía a las personas que necesitaran ayuda, llevando la compasión y el Amor en mis mensajes y mi persona.

Conforme he hecho sanaciones, han aparecido distintos linajes de estas y otras vidas que ejercen un gran impacto en mis alumnos y en sus procesos, así como en mi forma de percibir una situación o persona, como: las pléyades, los esenios, los andrómedas, los sirios, los atlantes, los celtas, los chamanes y los indios americanos; y maestros ascendidos como Jesús, Moyra, Saint Germain y la Madre María.

Un día Volutier me dijo: "Es hora de que comiences a trabajar con tu Ser Superior (tu espíritu)", al cual comencé a escuchar casi de inmediato. Para esto, el Ser Superior es el que decide qué quiere vivir y cómo, de acuerdo con su misión original. Algunos deciden venir a la Tierra como almas con un cuerpo físico, a tener un despertar evolutivo como en ningún otro planeta pueden hacerlo. Los Seres Superiores de las personas se quedan en sus reinos cerca de esta experiencia en la Tierra llamada "vida en la tercera dimensión", que viven a través de su alma, su conciencia y sus cuerpos energético y físico. Sin embargo, es solo el alma la que vive dentro del cuerpo físico y continúa su aprendizaje en la siguiente vida.

La vida fue creada de cierta forma y es muy distinta de como tú la percibes. En efecto, lo que tú ves como espíritus rondando, tristes, que no se van o quieren trascender, son el doble energético de la persona y la conciencia impura que se aferra a apegos y necesidades no resueltas. Pero cuando llegan a trascender, es cuando se unifican la conciencia y el alma de nuevo hasta la siguiente vida o etapa.

Hoy te comparto que he comenzado a trabajar con mi Ser Superior planteándole innumerables dudas; entre ellas, de dónde viene mi clan y cómo se llama él. Escucho su voz cada vez más cercana, profunda, fuerte y femenina. Las sanaciones las hago con él y con Volutier. A veces es ya el linaje del Creador quien me asiste y enseña lo que tengo que hacer también y es fantástico ver esto que me ayuda a mostrarte hasta dónde puedes llegar tú.

Al escuchar a mi Ser Superior, le pregunté a Volutier su nombre y me dijo que era Shanya, que significa "Gracia de Dios". A medida que me he acercado a Shanya, he recibido instrucciones sobre mi misión, que en buena medida consiste en canalizar y escribir varios libros que serán la continuación de este.

Comienzo hablando de los matices del Amor porque este representa el fin último de todas las personas y es la meta a seguir incluida en cualquier despertar. Los Maestros y guías se manifiestan por medio de algunas personas, con señales, mensajes y experiencias para apoyar tu crecimiento y esta la razón de este libro. Comprender la esencia del estado del Amor desde la perspectiva pura del Universo verterá sobre tus definiciones vitales una limpieza y reacomodo de creencias muy profundos que te mostrarán otra forma de sentirte y reconocerte, más genuina y más tuya. Aquí presento las palabras de Volutier, de mi Ser Superior y algo de mi historia. Mucha de esta información está traducida por mi intelecto usando mi vocabulario y si bien, a veces, es complicado explicar un estado o un matiz, te invito a dejarte sentir estas palabras y realizar los cuestionamientos que encontrarás para tu crecimiento, así como las meditaciones que te alinearán hacia esa liberación.

Sabedores de que estás listo/a para recuperarte de tus heridas, los Maestros y yo compartimos contigo estas enseñanzas que te guiarán hacia un compromiso más profundo y a encontrar el gozo, el valor, la esperanza y la fe como una parte inicial del estado del Amor en ti. Muchas de las bondades que el Amor trae consigo cuando es vertido y vivido, consisten en mejorar tus relaciones familiares y de pareja. De igual modo, tu abundancia y prosperidad serán incrementadas porque no hay duda de que lo puedas crear. Y es este estado el que comienza a reparar estas relaciones debido a su gran sentimiento de compasión hacia el despertar de los otros, y te lleva a conocer el verdadero Amor.

Ese Amor es tu verdadero tú.

Shanya

PARTE 1

Despertando la Montaña

Mensaje de Volutier

Volutier nos dice:

¿Sabes que estás enamorado cuando sientes mariposas en tus entrañas al conocer a alguien?

Bueno, esa es una definición del Amor muy limitada. El Amor en sí, además de un estado, es un camino hacia la realización de cada individuo. Podemos empezar por definir qué es el amor, aunque sé que estás ansioso por entrar al tema de la pareja.

Y de nuevo te pregunto, ¿crees que eso es el Amor?

La pareja es un reflejo de ti mismo cuando apenas comienzas a ver tu interior y conocerte. Si aprendes a observar tus pensamientos, verás que muchos de ellos son tus necesidades internas relacionadas con el amor y el cariño, el sostén y el saberte a salvo, todo lo cual en realidad surge de tus creencias deformadas basadas en carencias y heridas.

Mira, en realidad el Amor como tal, es una palabra con la cual defines un estado o un sentimiento, pero si consideras que los grandes maestros como Jesús han venido a hablarte del Amor sagrado, del Amor incondicional, del Amor de Dios y de tu Amor interior, te darás cuenta de que en su pureza muchos de ellos han sido mal interpretados cuando se han acercado a estos temas, y muy probablemente, tú empiezas ahora a tener dudas sobre lo que yo estoy escribiendo al ser canalizado por mi alumna Shanya.

Lo que los Maestros llamamos Amor es una sensación de vacío luminoso sostenido. Es una cualidad innata del ser humano que permite acoger y expandir cualquier otra cosa o estado. Por ejemplo, cuando vives una situación de falta de abundancia, es el Amor (y el pensamiento) el que –si es bien dirigido– alienta el surgimiento fácil de la solución. Entonces, la ves, la sabes y se generan las circunstancias que te llevarán a crear la abundancia que necesitas o a resolver el problema que se encuentra enfrente de ti. Cuando el Amor es interpretado siempre tiene una forma, es decir, lo ves desde tu filtro o ángulo, desde tus creencias y experiencias de vida. ¿Eso en qué te beneficia o perjudica?

Me gustaría que analicemos el caso de una chica con percepciones heridas; la siguiente es su historia.

El caso de María

María nació con una disfunción renal. Sobrellevaba la escuela, su vida diaria y sus enfermedades que no le permitían llevar una vida activa como sus amigos o hermanos. María se preguntaba si las atenciones que recibía de sus familiares y amigos reflejaban sus sentimientos reales, o solo eran manifestaciones de la culpa o la lástima que generaba en los demás.

Un día, a sus diecinueve años, vio caminando a una chica con brazos de metal, que le ayudaban a moverse y caminar. Y pensó, "ella sí tiene suerte, vivirá más que yo". Cuando la chica pasó de nuevo frente a ella, vio cómo chocó contra un poste y cayó al piso, y con ella, todo lo que cargaba. María se acercó y con un profundo sentimiento de lástima la ayudó a levantarse. En ese momento se vio a sí misma como pensaba que la veían los demás. La chica le agradeció y continuó su camino, pero María seguía sus pasos para verla llegar segura a su destino. La culpa por haber albergado ese sentimiento no la dejaba ver lo que sí había encontrado.

> El Amor no es culpa, la culpa siempre estorba, y esta surge cuando no nos hacemos responsables de lo que somos, pensamos, decimos o hacemos.

Pero, ¿qué es lo que María encontró dentro de toda esta experiencia? Sintió lástima, y por sentir lástima hacia otra persona, su culpa interna la avergonzaba. ¿Cómo la ves ahora a ella? Imagina que tú eres María y ves una parte tuya disfuncional, que puede ser tu cuerpo, tu visión, tu trabajo, tus habilidades o tus relaciones amorosas. Recuerda cómo sientes que los demás te ven y te definen y cómo lo haces tú con los otros.

El valor de María mucho tiene que ver con poder resolver de un vistazo una proyección de su ego, de su personalidad que se sentía agredida y que llegó a agredir igual. Y aunque terminó ayudándola, en su mente anidaba el cuestionamiento sobre lo que había encontrado en toda la situación.

Puedes verte como disfuncional, no importa si poco o mucho, y eso no te lleva al Amor; si acaso podrá provocar que te veas reflejado y, supuestamente, salvarte por medio del otro. Puedes verte como funcional, sano en tus juicios, pero mientras haya un juicio de por medio, no existe el Amor puro.

María, después de un tiempo, logró verse en todos. En su corazón, nada la hacía diferente de los demás. Todos tenían esta oportunidad de crear una realidad distinta de su actualidad y bastó una decisión para llegar a un estado más productivo, más real o sólido dentro de su propia forma de ver las cosas.

Tú, no lograrás ver el Amor, a menos que lo encuentres en ti. Te propongo que hagas un viaje interior y veas cuáles formas has adoptado que llamas amor y cuáles sí son genuinas.

Afrontar los retos

Uno de los grandes retos de este milenio es la transformación del Ego en su disolución y regeneración de una nueva forma de ver y hacer las cosas. Cuando el corazón es sanado, se vuelca y se dirige a esa conexión con sus linajes ancestrales. Es entonces cuando la magia se crea desde lo más profundo del Ser. El Amor no solo es un estado o una cualidad; el Amor, como queremos que lo conozcas, surge de Dios, de la totalidad.

Abrir el corazón te llevará a soltar los lastres que cargas para caminar sostenido por Dios y por tu Ser Superior, lo cual es grandioso, y tanto Shanya como yo queremos ser testigos de eso. Solo hace falta que te ames incondicionalmente y podrás sentir el Amor.

Volutier

Reflexión para la sanación

¿Qué es lo que recuerdas de tu infancia que te llevaba a un estado de éxtasis, un estado de confort donde nada te hacía falta? Escríbelo aquí.

____

Eso, es un primer paso hacia la libertad del amor.
No dudes en darlo.

El que tengas una religión o filosofía, el que creas en el Universo o en nada no es lo que importa. No te pedimos que creas en algo o en alguien. Cree en ti. Cuando un ser humano es dado al Universo, llega con una gran luz, una gran misión y un gran sentido de la multidimensionalidad, totalmente expandido, sintiéndose parte del todo y creando una conciencia individual. No obstante, en el camino olvida de dónde viene para en algún momento recordar y recuperarla.

A medida que adquiere conocimientos y experiencias desarrolla en su personalidad definiciones que le ayudan a relacionarse con los demás y consigo mismo. Estas definiciones crean una realidad. Así, si en su definición de pareja, el Amor existe solo si hay dinero en la familia, este ser humano realizará su realidad según lo que le toque vivir.

Cuando, según su creencia, genera esa definición y no lo manifiesta, experimentará un gran sufrimiento. El conocimiento no es la solución ni te asegura que triunfes en el Amor, en tus relaciones o tus negocios. Solo es una herramienta y estas visiones deformadas sobre los conceptos de tus parejas, trabajos y experiencias en lo que haces, dices o piensas, te aleja cada vez más de ti.

Cada ser humano tiene un espíritu eterno e inmortal y es una emanación de Dios, quien, a su vez, es eterno e inmortal. Así que no fue creado, tiene una conciencia individual desde que sale como chispa del cuerpo de Dios y lo seguirá siendo con conciencia individual. A medida que se desarrolle espiritualmente recordará que forma parte de la Conciencia Universal y no perderá su individualidad. Conservará su sabiduría, extraída de lo experimentado en la Tierra, y conservará todas las características de la perfección de Dios. Pero necesita vivir como conciencia individual. Todo lo tiene en esencia y lo manifestará cuando evolucione. Recuerda que un ser humano tiene un espíritu, un alma y una misión codificada que le lleva a sostener lo que es y disolver lo que no es. Cuanto más conflicto exista en un alma, mostrada a través de su conciencia, menos cerca estará de lo que se define como Dios.

Dios es la energía del Creador de todo lo que Es, es el surgimiento de la perfección del Universo con galaxias, planetas, elementos, energía, reglas del juego, vida y seres por elección. Tú elegiste vivir en este planeta llamado Tierra, en esta dimensión, con miles de formas de expresar la creatividad del hombre.

Tú no estás solo/a, te asisten los guías espirituales que escogiste antes de venir a esta aventura. Ellos tienen diversas misiones que te ayudarán a volver, entre otras cosas, a tener fe en ti, ver en ti la deidad y la divinidad y cómo puedes ser una manifestación de Dios, desde su origen y desde tu pureza. Me refiero a la pureza que, cuando tus diversas formas no llevan al origen de la verdad del pensamiento, crean resultados desagradables en tu vida. Incluso si consideras esta como extraordinaria, te aseguro que está siendo limitada por tus formas. Y el Amor, así como tu visión de Dios en tu Universo, solo se muestran de forma limitada.

Si ves que todo tiene cualidades positivas y no positivas, ¿qué te hace reflexionar? Como la vida se ha dado en dualidad, en división y no en integración, desconoces este proceso por desarrollar que se llama balance unitario, balance de lo positivo y lo negativo o balance del yin y yang.

Una fuerza no puede existir sin la otra, no existe el negro sin el blanco.

También existe todo lo que tú eres dentro de ti. Todas tus cualidades y tus áreas de trabajo que necesitan pulirse están en ti. Pero como tú ves esta estructura en tus pensamientos, puede convencerte de que esa es la verdad de tu alma, cuando no es así.

El alma tiene una forma que le da vida al ser humano. Esta forma tiene, en código, los sucesos que de cierta forma están predestinados; lo mismo que el entendimiento, conocimiento y transformación en la vida, o vidas, del ser humano que lo lleven de regreso a unificar la conciencia con el Alma y su Espíritu. El alma eres tú.

El surgimiento de esta unificación señala que el alma ha terminado su recorrido y deja de reencarnar en las siguientes vidas. Esto sucede porque ha podido ver en sí misma y en todas sus experiencias de vida, las diversas formas del Amor de Dios y propias, siendo al final un solo Amor. El término Amor proviene de la palabra *amorou*, que significa expansión, gozo, estado de unidad.

El Amor, así como te lo he descrito, te devuelve a tu propio estado primordial; por ello, en estos procesos que vives de desamor, abusos, agresiones, mentiras y tristezas, podrás encontrarte muchas veces como víctima y otras como agresor, o solo como espectador, aparentemente invisible pero igualmente responsable.

Pero, ¿qué puedes hacer en esta vida para incrementar tu gozo, tu felicidad, tu estilo de vida y tu abundancia? ¿Para mejorar tus relaciones?

Sí, esas son preguntas que te has hecho muchas veces. Hay diversas respuestas: una de ellas es la transformación, para lograr la cual el camino óptimo por emprender es la reflexión. Las resistencias que encuentras en este camino, son las más difíciles de ver y modificar. Hay técnicas, prácticas y diversas formas de trabajar el Ser interno y su despertar.

Hoy puedes ver por doquier una explosión de ofertas de milagros si haces lo que te indican. Yo te invito a no buscar el atajo, sino a encontrar la sutileza de tu conciencia, entenderla y purificarla. Te garantizo que tu camino será más ameno y bello si acompañas tu búsqueda y tus encuentros de Amor incondicional. Ser responsable de lo que se Es, te llevará a la verdad de ti mismo.

Nada hay más dañino que una mentira que crees de ti mismo y que piensas que es verdad. Te llevará por caminos, pasos y experiencias muy dolorosas y engañosas que están sustentados por miedos y falta de aceptación personal.

Recuerda que el Universo está formado por innumerables creaciones de Dios. Su energía de creación tiene conciencia plena y total de todas las obras, de las innumerables formas y seres que hay dentro de él. Todo está interconectado, todo tiene una razón de existir y todo viene a dar equilibrio a las misiones de los seres que cohabitan los mundos.

El Amor te ofrece verdad, confort, sostén, gracia y fe divina. Estas cualidades transforman por completo el diseño y la formación de tu vida. Esto significa que de cada pensamiento surge una emoción y de esta, una acción; así saldrá de tu boca una palabra que enaltece o que destruye, y ahí, en esta posibilidad de las diversas elecciones del pensamiento, se anidan varios resultados que manifestarán tu vida en caos o en paz, en relaciones buenas o relaciones disfuncionales, tanto en tu trabajo como en las demás áreas de tu vida. Tú diseñarás tu vida gradualmente, tomarás decisión tras decisión y encontrarás o no a esa persona que será tu pareja, con quien vivirás ciertas experiencias que confirmarán o cambiarán tu opinión sobre el Amor y las relaciones.

Si observas tu vida desde que naciste y la red de personas que te tocó que formen parte de tu red familiar, de amigos y anexos, verás que unas decisiones han sido circunstanciales y otras han sido tuyas. Por ejemplo, al ser tú un bebé no podías tomar decisiones, y al convertirte en niño tampoco podías elegir a qué colegio asistir. Cuando fuiste un poco mayor podías hacer ya una elección más consciente; sin embargo, son muchas las opciones o creencias que, a nivel inconsciente y basadas en tus filtros, te llevaron a este u otro resultado creando lo que tú ves como tu vida.

Mira bien lo que has vivido, a quién has conocido, dónde has trabajado, cómo has tratado tu cuerpo, cómo te has relacionado con las personas, y observa si te gusta todo eso. Siempre existe la posibilidad de mejorar y caminar lo que llamas vida como una aventura que ofrece sorpresas y grandes oportunidades cuando se acompaña de la gracia del Amor universal, porque, aunque estés anclado en la confusión, la inercia de este estado buscará la manera de crear balance y armonía.

Tú sabes que el ser humano posee la cualidad de procrear y tener familia. Esta línea familiar creada y sostenida con sus padres, soporta con su fuerza y sus cualidades todo lo que un ser humano puede usar para su crecimiento. De igual manera, si se entra en resonancia con la parte menos positiva, repetirá las herencias enfermas y adictivas de la familia, así como su transmisión a su línea de descendientes. Hay que buscar limpiar las herencias y heridas a como dé lugar, eso sanará el alma, porque *si no aprendiera las lecciones y cayera de maldad en maldad, vida tras vida terminaría por perder su individualidad.*

Cuando se trabaja en la unidad personal también se limpia hasta cierto grado la de los hijos. Por eso, es importante que trabajes tus heridas, para que muestres quién eres realmente en este momento. Quiero decir que pretender estar en un lugar de perdón cuando todavía no has podido asumirlo solo refuerza el engaño, ya que esto a nivel energético y entre almas, se conoce y manifiesta en palabras o acciones que lo revelan. Aceptar cómo te sientes, dónde estás en tu evolución, dice más de ti que no hacerlo. La diferencia entre aceptarlo cotidianamente y aceptarlo acompañado de amor, es que con este se fomenta el desarrollo de una realidad más genuina en tu relación con los demás y eso lleva a que tu vida se muestre más armónica y entrañable.

Como padre o como hijo has tenido un lugar en la familia, tienes ya un rol, unas reglas que impones o sigues; hay actos establecidos y límites sobre quiénes y cómo se harán, y tus reacciones ya son predecibles debido a que siempre lo haces de la misma forma. Digamos que a la hora de la comida sueles consumir una sopa, dos guisados, verduras y tortillas. Se come en silencio, ya que el padre es quien habla y opina. Se trata de una estructura que de forma inconsciente repetirás cuando seas mayor y te unas a alguien, como referencia de que lo que tú darás por hecho que es lo correcto.

Muchas veces descubres que repites algo que sabes que no va contigo. ¿Por qué sucede esto? ¿Qué fuerza tan poderosa existe en ti que va en contra de lo que sientes e insistes en esa conducta? Seguramente te plantearás esta pregunta de vez en cuando. Te recuerdo que es una energía impresa en tu sistema inconsciente de los principios que tus padres crearon en ti conforme crecías y se quedaron como códigos con los que te relacionas. Las estructuras son mecanismos que ayudan a desarrollar la personalidad de alguien y que permiten relacionarse con los demás; en ellas existe una visión de lo que se conoce, o se cree conocer, y te da un trabajo para realizar.

Por ejemplo, ¿qué sucede cuando esa visión de lo que crees que eres se amplía, las sensaciones de heridas van desapareciendo y es el amor el que se manifiesta? La realidad y la vida misma cambian. Así se crean las cosas, se conecta con el corazón y surge de un espacio en tu Ser una idea que se generó al entrar en un estado de calma, paz, amor y pasión, y también de caos. Pero, ¿cómo puede el ser humano encontrar estos estados y llegar a procesos más internos para crear algo desde la unidad y no la división que la personalidad crea?

La respuesta es diseñar, manifestar y crear algo desde el corazón. El corazón es un músculo con gran fuerza energética que tiene recuerdos de otras vidas y de tu vida presente. Es un centro de energía que libera, cuando se le estimula y depura, Amor y fuerza extraordinarios que impregnan las palabras, las acciones y, por ende, a las personas.

Poco a poco se gesta un estado de armonía interna que te lleva a ver al mesero, al amigo, a tu padre, como seres en un camino evolutivo, igual al tuyo, con un desarrollo propio desde su experiencia de vida. Por tanto, todos los seres son iguales a ti y eso elimina el ruido que el ego defensivo pueda provocar en ti dando paso a la agresión y la falsedad.

Dios, dentro de su grandeza, te ha dotado con su fuerza y poder de manifestación. Él quiere que seas capaz de ver esa luz tan grande, esa expansión, esa abundancia y ese Amor de forma ordinaria en ti, mientras que el ser humano tiende a pensar que eso es solo para los escogidos. Aunque haya personas con mayor evolución, puedes sentirte igualmente bendecido ya que tú eres la manifestación palpable de lo que Él ha deseado para ti. Me refiero a los dones de sanación, clarividencia, clariescucha, creatividad, belleza, salud, benevolencia, palabra, honor, verdad, fe y realización. Eso es normal en cualquier persona, mas tendemos a olvidar los dones y es necesario recordarlos. Es como una persona que se pone cinco trajes encima y por lo mismo no puede moverse ni correr adecuadamente, pero, a medida que se quita las capas, percibe de qué color es su verdadera piel, sus líneas, su movilidad y así puede hacer muchas cosas más, como saltar y volar.

¿Qué ocurre cuando sientes la totalidad del Amor universal? *El Amor universal no es algo que se siente; se expresa dentro y fuera de ti continuamente.* Se expresa de forma adecuada si tú ya te escuchas en todos los sitios de tu existencia. Cuando crees haberlo visto todo, entonces, puedes redescubrir lo esencial en tu vida; más aún, si todavía crees sentirlo y vivirlo, ahora lo verás en su forma más pura.

> El Amor siempre es mal interpretado cuando hay una resonancia en la esclavitud del pensamiento que solo conoce esa forma, que como un ego permanente existe en las necesidades inherentes que el ser humano cree tener y necesitar saciar.

Pero no es así, simplemente hay que entender que el aullido o el llamado del alma viene a mostrarte infinitas formas de realización a través de tu propio Ser, es decir, a través de tus cualidades más perfectas que es el Ser mismo. Pero, ¿por qué creer que la vida es buena solo si hay amor de pareja, si hay amor de amigos? ¿Será que el amor está en todos lados? No hay un amor que defina a cada cosa tal cual es, el ser humano es extraordinario como vino a ser y como ha vivido su vida.

La clave para poder comprender el Amor universal es la relación que la persona mantiene con Dios. El ser humano es Dios en su manifestación y cuando hablamos de Dios me refiero a las infinitas formas del Universo en todos lados.

¿Puedes ver el Amor en un árbol o en el cielo? ¿O solo ves un árbol y solo ves nubes? Mira, cuando se creó el Universo, también se creó al ser humano, no porque Dios dijo que así fuera nada más, sino que traía consigo una intención, la misión de transformarse en conciencia renovando e incrementando el desarrollo de un planeta –en este caso el planeta Tierra–, mostrando las reglas del juego y el rol para cada jugador. ¿Ahora entiendes? Cuando suspiras por alguien suspiras por las mismas estrellas que miras en la noche, suspiras por tu verdad interna, por alcanzar eso que crees o quieres vivir inmensamente.

El ser humano tiene la capacidad de amar, lo que significa que profundiza en su visión alterna y externa de sí mismo y puede entonces ver todo lo demás que existe en su realidad original. Una visión alterna nos habla de vidas paralelas y de multidimensionalidad.

Una realidad, tal cual lo hemos dicho, es algo que ves y creas alrededor de ti, de acuerdo con tus propios filtros, visiones, estilo de vida y necesidades. Por eso, una persona puede diseñar un proyecto funcional, mientras que otra puede traer caos a su experiencia de vida. En sí, el caos no es malo o inadecuado: es otra forma de vivir lo que se necesita experimentar para alcanzar la fortuna del éxtasis de la vida misma. El Amor, cuando empieza a desarrollarse, se expande y crea diversas formas de manifestarse, entre ellas las siguientes.

Manifestación del Amor número uno:

El gozo

Cuando una persona ha sonreído lo suficiente en el transcurso de su vida, regresa a su forma del Ser original. Logra encontrar en todos lados la creación de las cosas y bendecirlas. Alcanzar ese estado nos hace sonreír de gozo y esto se mantiene constante.

El gozo se sostiene de un cierto grado de pureza en la realización del Ser. Éste pudo haber vivido situaciones no muy agradables, con abusos que hayan cerrado las opciones del alma a sentir y la felicidad de ser él mismo, pero cuando seguir esa línea de entendimiento y reconocimiento de gozo se vuelve un hábito, es la que dirige la emoción que surge ya del pensamiento generador del estado emocional de ese momento y muchos otros, creando la risa y el disfrute. Cuando sientes que has encontrado a tu alma gemela, que has hecho el negocio que tanto deseabas, que tus sueños se están realizando, es cuando contactas con los mismos sentidos y orígenes de cuando naciste y para lo que naciste.

Hacer lo que no te gusta, estar con la persona con quien no te llevas bien o que no te respeta, no será un generador de gozo; más bien, dará paso a sentimientos confusos e irreales que no traen consigo más que el desencanto y la debilidad en la autoestima y el valor personal.

Pero, ¿por qué cuesta tanto que los seres humanos se sientan con derecho a sonreír, a sentirse plenos por su vida o por la de alguien más? Cuando te hagas esta pregunta seguro contestarás que es por tu relación con los demás, pero si le quitas el peso de tu infancia y de tus relaciones, verás que siempre has sabido en algún punto tuyo, por pequeño que sea, que lo mereces. Nunca has tenido que hacer nada para merecer el Amor en todas sus manifestaciones, porque es algo que está ya otorgado por el Universo, que siempre ha sido parte del ser humano, ya que es una cualidad del mismo estado de Amor.

Manifestación del Amor número dos: la compasión

La compasión habla de com-ser-pasión por otro Ser. Es decir, del sentido del Amor por otro ser. Cuando ves que la vida de una persona o un ser sintiente está vinculada de alguna forma contigo y sientes que su situación, nivel de conciencia, de entendimiento o de sufrimiento se revela ante ti, sentir compasión muestra el Amor hacia otro en un camino de aprendizaje que no debe confundirse con sentir lástima por alguien.

Cualquier paso o decisión que una persona tome y que la lleve a cierta situación de desenvolvimiento y aprendizaje, significa que está simplemente viviendo su misión de vida. En esta hay que eliminar los obstáculos que acordó enfrentar en este mundo de sueños, al cual las almas acuerdan venir transformándose a través de una conciencia y un cuerpo.

Por eso no hay lástima, solo hay compasión. Son almas guerreras que toman la decisión de liberarse ante el gran reto de recordar quiénes son.

Si sientes lástima por alguien que ha perdido a un hijo y lo vives tan dentro de ti, que también se vuelve tu pesar, estarás confundiendo y mezclando (en una empatía irracional) la vida del otro y la sobrepondrás con la tuya. La compasión unifica, desarrolla empatía y armoniza (no aísla). No siempre tienes que ayudar a esa persona cuando sientes compasión. Casi siempre, cuando uno siente compasión por la vida del otro, puede permitirle vivir esa experiencia como es. Así comprendes, por ejemplo, cuán gratificante será para esa persona volver a la vida después de desapegarse de los familiares, para entrar en la propia aceptación del ciclo de la vida y la muerte, y continuar viviendo la experiencia y revelar lo sagrado del mismo Ser. Ese Ser que al final viene a servirse a sí mismo y a servir al Universo, es decir, a Dios.

Si te cuesta trabajo entender por qué no eres compasivo con los demás, tendrás que revisar si lo eres contigo, si comprendes tus procesos de vida.

¿Revelas y expones tus celos, enojos, miedos a ti mismo y a Dios? ¿O los niegas? Mientras sigas negándolos, la compasión te eludirá. Te enjuiciarás con frases como "no seas tonta", "lo hiciste tan estúpidamente que por eso te pasa esto".

Así no verás el acompañamiento del Amor en ti, que más bien te llevaría a decirte "estoy distraído y por eso le pegué al auto, ¿qué me está distrayendo y cómo lo arreglo?". Por último, cuando una decisión tomada y una acción emprendida por ti no salgan como esperabas, y sus resultados provoquen malestar, puedes cambiar este por un sentimiento que te motive a entender y modificar el origen del pensamiento motor que crea esos resultados.

Pero cuando te regañas y no eres compasivo contigo, cancelas la oportunidad de realizarte y dirigirte en luz hacia un mejor destino. Muy por el contrario, solo confirmas la necesidad de repetir un patrón de conducta, de pensamiento y de manifestación lejos del Amor. El Amor siempre está en ti, lo único que hace falta es que le des la oportunidad de expresarse y que sepas que el que todos estén en evolución puede ayudarte a manifestarlo. Millones de vidas en el mundo piden en sus oraciones y pensamientos saber cómo cambiar el resultado no deseado de sus acciones, pero no se permiten escuchar la guía que tienen junto a ellos (tu cuadro espiritual).

La Fuente no está creando seres y conciencias aisladas. Todos en algún punto están conectados de acuerdo con su estructura molecular, su estructura de pensamiento y su cuerpo. Además, el alma, que como contenedor espiritual se expresa a través de la conciencia, tiene un rol definitivamente extraordinario en la vida de una persona. Y su misión es encontrarse y hacer la tarea que eligió antes de ser un ser humano con capacidades inigualables.

Lo que viene a bloquear el proceso de una persona que quiere reconocerse, es la falta de Amor o el odio en sus diferentes facetas, como la ira, el enojo, el resentimiento, el abuso, el maltrato, la negación, la invalidación, la victimización, la violación y la falta de respeto por la vida misma. Y no es en sí una interrupción de tu proceso; los maestros lo ven como pruebas y obstáculos manifestados por ti que hay que superar, que tu propia alma te manda para que las liberes y poco a poco te entiendas y te reconozcas, llevándote al sentido mismo de lo que eres: ¿Qué quieres? ¿Cómo quieres vivir tu vida? ¿Qué tipo de pareja necesitas en ella? ¿Cuáles son tus cualidades y cuáles son tus áreas de rescate? ¿Qué labor te gusta que te haga sentir la mayor pasión del mundo cuando la haces? ¿Cuáles son tus sueños?

Cuando resuelvas estas preguntas se manifestará el Amor en ti en miles de formas y sentirás una paz infinita.

Manifestación del Amor número tres: un estilo de vida saludable

Cuando el Amor se manifiesta en ti, tus relaciones, tu salud y tus áreas de vida, por ejemplo el trabajo, comienzan a mejorar. Ese es un indicio de que vives el Amor en ti.

El cuerpo físico se ve recompensado ante tu manejo que fluye cuando hay situaciones donde el Amor no existe con las contrariedades de la vida misma. Pero ya no te estresas de la misma forma y permites, con tu conciencia más alta, que sea el Universo el que dirija tu camino hacia una solución verdadera y leal a lo que es mejor para ti. De tal modo, la enfermedad no cabrá más en ti, eliminando lo ya generado en tu pasado por tus decisiones anteriores. Todo ello trae alegría, romance, quietud, silencio y buenas compañías al diseñar una realidad muy noble, generosa y afortunada para ti.

Tu trabajo o tus estudios mejoran en el sentido de tu forma de reaccionar ante lo que ocurre a los demás que tienen que ver contigo. Al no haber ya un enganche, un sentimiento herido por los juicios de los demás hacia ti y que por fortuna no tomas a la ligera, gracias a la comprensión que este estado te da, no hay energía de resonancia que juegue el juego del desamor con la otra persona. Esto produce un vacío sin confrontación, que para ti es claro al saberte y verte como un Ser de luz en crecimiento y profundidad.

Necesidades humanas con ayudas espirituales

Una persona que está en constante crecimiento con el corazón abierto, sabe que los elementos que encontrará dentro de sí para sanar serán en su mayoría heridas y malestares por abusos, sometimientos, mentiras, cancelaciones, negaciones, gritos y manipulaciones, lo cual asusta. Pero, más allá del miedo que sientas, comprende que todo ser humano tiene un Ser espiritual con un alma incluida que trae información exclusiva para él, y que hay guías espirituales, cada uno con una característica específica que necesitará en cierto momento.

Estos guías son parte de tu "cuadro espiritual" que tu alma escoge cuando viene aquí al nacer, con cierta intención de ayudarte en tus pruebas. Algunos están contigo toda la vida y otros se van al cumplir su parte, llegando otros nuevos para sostenerte ante experiencias que necesitarás superar. Ellos son los ángeles, seres que están para asistirte y darte guía en tu camino y dirección. Ellos te hablan y te mandan mensajes de distintas formas para que los entiendas y puedas resolverte. A veces son muy directos, otras muy sutiles, como un aroma o una caricia, y muchas veces se expresan a través de otras personas para llegar a ti.

Tienes a tu ángel de la guarda y este está destinado a acompañarte siempre, desde que naces hasta que mueres. Tiene un rango y un linaje entre los ángeles que corresponde con tu misión.

Además, cuentas con otros guías espirituales (que no son ángeles) y que vienen también a asistirte. Algunos se relacionan con tus propios linajes, como los seres mágicos, seres de sanación, ancestros y Maestros de distintos lugares del Universo vinculados con tu cosmogonía.

Con su ayuda, la misión personal de cada uno de nosotros, el lugar que ocupas en tu familia, el país donde estás y la realidad que estás creando, forma lo que llamas vida y los Maestros llamamos línea de vida. Es la probabilidad de que tus pensamientos y tu crecimiento te lleven a ciertos eventos donde conocerás a determinada persona con la que formarás una pareja. Si eliges a "x" persona, eso cambiará de forma directa tu destino, lo que te puede llevar a vivir en otro país o entrar a cierto trabajo, y si no lo escoges, se abre para ti otra línea de vida con otras opciones. Estas siempre están en constante movimiento, es por eso que se confunde el que exista un destino o no. Tiene que ver con tu línea de vida, con tus decisiones —dirigidas por tu alma—, con tu crecimiento, con cierto control y con tus conexiones con el Universo, que es lo que cocrea tu vida.

Las necesidades emocionales del ser humano se basan en sus experiencias; cuando el Amor está presente, manifestándose como algo único y real en su vida, las emociones cambian por la esperanza, la fe y la comprensión divina de la sincronía de los eventos del Universo. Si el Amor no se practica, las emociones tomarán lugar antes de que te des cuenta y habrás creado un caos tras otro.

Asimismo, las necesidades físicas, de confianza, de seguridad y de un futuro prometedor, son creadas desde las falsas percepciones del ser humano, lo que, lejos de llevarte a la felicidad, da lugar a innumerables frustraciones con resultados que distan de ser prósperos.

Alguien que se encuentre en la disyuntiva entre resolverse o no, para poder decidir por fin su felicidad, necesitará conocer los siguientes puntos y llegar al Amor. Veamos uno por uno.

¿Qué quieres ser?

Esta pregunta podrá parecer extraña, ¿cómo cuestionarte qué quieres ser, acaso no eres ya? No, por lo general una persona que empieza a cuestionarse lo que no le gusta, no sabe lo que quiere ser. Les ocurre a todos los seres humanos.

Los animales no lo hacen porque no tienen la conciencia tan desarrollada como tú.

En el momento en que recibes los dones de tus padres y tu alma, sabes que vienes a crear un cambio en ti y en quienes te rodean. Ahora, que ya fuiste bebé, niño y luego adolescente y joven hasta llegar a ser un adulto, habrás pasado por innumerables experiencias y recibido un sinfín de enseñanzas de parte de las personas más cercanas a ti. Esas enseñanzas suelen provenir de seres en crecimiento, que, al igual que tú, sufren, se sienten cansados y decaídos, fueron víctimas de abuso y de mentiras; por consiguiente, te educaron con esos sentimientos encontrados. Esto quizá te hizo crecer sintiendo que eres "una persona que no vale la pena", o "alguien que no merece el Amor," o "una persona para quien el dinero nunca será parte de su vida".

Es probable que, al igual que muchos seres humanos, te veas como alguien:

- Con mala suerte para el Amor
- A quien siempre "le toca" relacionarse con personas que lo maltratan
- A quien, por más que lo intenta, su padre no lo reconoce
- Que es bueno para los deportes pero malo para ciertas cosas
- Que necesita sentirse atendido para no sentirse abandonado
- Que sufre si está solo

Esto forma tu estructura, es lo que piensas que eres y, si lo analizas bien, mucho de lo que piensas de ti tiene un fondo muy grande que restaurar, delimitar y transformar. Entonces, vuelvo a preguntarte: ¿qué quieres ser? Una persona:

- Con buenas relaciones amorosas
- Con relaciones respetuosas en general

- Que se esfuerza por entender cualquier situación
- Que aprende a darse el Amor que necesita y se reconcilia con la vida
- Que sabe estar sola
- Que camina hacia donde se siente bien

Todo esto es posible, ninguna estructura de personalidad es tan rígida como para no poder ser transformada. Es fundamental que desde tu corazón, anheles permitirte sentir lo que requieres transformar y recordar los sueños que tenías cuando eras pequeño. Ahí radica el origen de tu misión, esos sueños, esos deseos, que algún día recuperarás.

¿Cómo quieres vivir tu vida?

Sí, muchas veces, aunque ya sepas qué quieres ser, necesitas definir lo que conoces como vida. ¿Es tu vida la que decide a dónde vas? Continuar viviendo sin preguntarte si el camino que has recorrido es el verdadero, el que te llevará a tu despertar, no te facilitará las cosas. La vida se vive de muchas formas; ese día que has elegido puede ser desastroso o ameno, puede ser abusivo o respetuoso, puede anclarse en el miedo o anclarse en el Amor. Y aunque te hayan modelado o no, todo depende de ti.

Depender de los demás para estar bien no es algo que se pueda clasificar o definir como sano. Tú, al decidir vivir esta vida, recibes una gran promesa de todos y del Cielo: que este es un mundo maravilloso. Y sí, no están equivocados, pero también es un mundo de caos, de desastres, de pérdidas y malestares que generan sufrimiento.

¿Cuál sería la mejor forma de vivir tu vida si yo te digo esto?

Entender que para que exista la armonía tiene que existir la falsedad, el engaño; para que exista el Amor existe también su opuesto, el odio, para que haya felicidad hay infelicidad y descontento.

Dios decidió que la vida es transformación y reto, y cuando el Ser humano como tal comienza a existir, le da las posibilidades para brillar y vivir en la oscuridad. Siempre prevalecerá dentro de ti la posibilidad de sentir el Amor; recuerda, este siempre está en ti.

Ahora, el recordar todos los momentos infelices que has padecido y la gente que te ha hecho sufrir, también te llevará a recordar las formas en que reaccionaste ante ellos y cómo te enfermaste, lo que perdiste, lo que te nubló la vista. Todo eso es una gran parte tuya, pero otra gran parte es heredada.

Cada familia tiene una energía con ciertos códigos de conducta, vergüenzas, tristezas y enfermedades, en los cuales en cierto momento te ves reflejado, los activas y tomas como tuyos. A veces, no se sabe cómo salir del clan familiar; la lealtad energética o ancestral tiene una función. Las fortalezas, las verdades resueltas, la bondad, el Amor mágico, la sabiduría, son atributos que también se heredan y vas mostrando a medida que creces. También se manifiesta la resonancia de tu neurosis y esta surge a la luz.

La razón es que todo está conectado: las galaxias, los minerales, los círculos de clanes, de seres y de planetas; por esto, cuando tú te conectas con tus linajes de vida llegas a reconocerte en el otro y tomas la energía de sabiduría, por ejemplo de una abuela (sin saber por qué, te das cuenta de que estás cocinando con su sazón).

Las líneas de la vida te muestran las infinitas posibilidades de tu vida, de tu camino. Solo necesitas conocer ¿quién eres y qué quieres? Cuando bendices tus linajes, tus ancestros biológicos y tus descendencias (hijos), bendices tu camino, así como tu futuro probable... y eso decide en mucho el resultado del "cómo quiero vivir" y cómo manejas las situaciones que se te presentan ante la vida.

Oración para bendecir tus linajes biológicos

Comprendiendo la naturaleza de mi ser espiritual y físico, yo

Bendigo a mis padres, abuelos y línea familiar hacia arriba y hacia abajo, agradeciendo en lo más alto de mi Ser, su energía, su sabiduría y sus experiencias que ahora me hacen ser yo. Tomo lo que necesito de ustedes y dejo lo demás, agradeciéndolo infinitamente en nombre del Universo y de mi Ser.

PARTE 2

CUALIDADES DEL AMOR

CUALIDADES

El Amor como estado inherente en el hombre, por descubrirse hasta manifestarse todo el tiempo, tiene ciertas cualidades y ciertos matices.

Una cualidad es una forma de energía que describe su poder a través de su expresión.

Esta energía muestra lo que para ti puede ser una cualidad, si lo sostienes alineado en una frecuencia alta, o una desventaja si tiene una frecuencia baja debido a tu forma de expresarla. Es decir, que tú puedes creer que es Amor, que tu pareja te pertenece. Por el contrario, estás muy lejos de manifestarla en un matiz (forma) o en una cualidad (energía) de calidad que pueda expandirse y manifestarse realmente.

Esta energía se convierte en ciertos tipos de valores y características del Amor.

El respeto

Una persona que entiende su lugar respecto al Universo, con su misión, su personalidad y sus áreas por mejorar, es capaz de comprender la posición del otro, de resolver y vivir su vida como mejor le plazca, aunque no necesariamente le parezca lo mejor. Se llama respeto a este derecho de cada quien de decidir exclusivamente sobre sí mismo.

Pero, ¿qué pasa cuando proyectas sobre los demás tus necesidades de Amor, cariño y sostén? Esperas... Sí, esperas que el otro haga algo para llenar eso que tú necesitas, y cuando no lo obtienes sales directamente a culparlo, a gritarle, a maldecirlo y hacerlo sentir mal; porque si te quisiera, entonces sí daría lo mejor y todo lo que tiene, como tú lo harías. Lo que no se está comprendiendo es que manipular, manejar al otro para que haga lo que yo quiero, pisa los derechos individuales de esa persona... y eso no es Amor.

El estado de Amor nunca estará del otro lado del odio, donde hay manejo por culpa o abandono. El estado de Amor siempre dará lo mejor de sí y esperará lo mejor de todo, independientemente de cómo surja el resultado. Y siempre respetará las decisiones del jefe, padre, maestro, amigo, familiar o pareja; sin embargo, tú tienes en tus manos la decisión de respetar tus ideales y apegarte a ellos o llegar a un punto intermedio entre ellos y los de la otra persona.

Una persona a quien le queda claro su abandono, sabe reconocerlo cuando este se proyecta en una pareja, por ejemplo; al detectarlo podrá, en su medida, controlar, limpiar e integrar ese sentimiento sin lanzarlo al otro en forma de reclamo, negación, pelea o extorsión, porque respeta que él/ella puede pensar de forma distinta y que lo que es bueno para uno no lo será forzosamente para la otra.

El respeto no significa actuar con obediencia ante alguien ni estar de acuerdo con sus opiniones. Significa solo reconocer su derecho de ser diferente de ti.

¿Por qué el silencio?, te preguntarás; después de todo, cuando hay Amor, ¿no estaríamos bailando y cantando? Sí, eso es cierto, la alegría es otra cualidad importante, pero el silencio es también muy valioso y de él nos ocuparemos ahora. Al igual que el respeto, el silencio nos lleva a no decir algo cuando no es necesario.

Una vez que has entrado en contacto con el Amor real y puro, es decir, el que sientes sin perturbaciones, culpas o deformaciones, tienes por fuerza natural del mismo estado, la capacidad de conectarte con la gran belleza del silencio.

Es un estado que disfrutas cuando simplemente estás ahí, donde siempre has querido, sintiendo, percibiendo, observando y amando lo que hay alrededor. Y nada hay que decir, ni hacer. Es perfecto.

La mente es engañosa y hará lo posible porque te sientas inferior, invalidado, engañado o triste. Cuando detienes a tu mente, el Amor puede funcionar, expresarse y ser. A veces, este Amor surge del silencio y permite que entiendas, en el aquí y el ahora, lo que en realidad estás experimentando.

No hay juicio, no hay daño, no hay reserva, tan solo esa conexión como si vieras o sintieras algo que ya has vivido antes por muchas vidas o momentos. Si eres padre, recordarás ese instante en que miraste a tu hijo y no hubo más que Amor y un silencio profundo, probablemente de agradecimiento. Sin referirme al Amor de pareja, considera ¿cuántas veces has sentido Amor en silencio?, ¿lo has reconocido? Quizá no, pero ahí está. Representa la certeza de que estás bien, de que estás encontrándote con algo bueno, de que hay una fuerza mayor que tú, un poder superior que te lleva de la mano. Y es el silencio el que te vincula con ella.

Me he acercado a mi Ser Superior mediante el silencio, el cual ha sido un elemento muy importante para propiciar que eso suceda. Con la mente no logro escucharlo, y hacer una pausa todos los días en meditación me ha permitido recibir instrucción, reconocimiento e integración con él. También me he vuelto un poco más callada y me dicen "seria". En realidad, opino cuando siento que es necesario. Las palabras que me gusta repetir, lanzar y soltar son las que pueden crear un cambio o una integración y es algo natural que se ha dado. Pero el gozo lo siento igual en silencio que cuando me río o bailo.

Shanya

Cuando una persona se reconoce como un Ser de luz y Amor, es cuando puede expandirse y expandir a los demás. Expandir significa extrapolar algo, lanzarlo hacia fuera lo más que se pueda. Contraer es el proceso inverso.

¿Recuerdas haberte sentido así? Es muy posible que muchas veces, en las que dices: "¡Ah y otra vez ah!" O subes a una montaña, respiras y exclamas: "¡Ah!" Ahí estás expandido. También recordarás algún momento de intimidad con tu pareja en el que hacer el Amor te hizo expandirte. ¿Verdad que sí? ¿Ves por qué el Amor, tu conexión y tu relación con el Universo son tan importantes? Nadie se ha olvidado de ti. Nadie pasa inadvertido. Simplemente juegas roles. Cuando decides dejar de jugar roles y te acercas a tu unificación contigo mismo, es cuando llegas a ser quien realmente eres y logras expandirte todo el tiempo. Es el estado de Amor al que aspiras por ser tan conocido para ti desde hace tanto tiempo; tu alma es la que sabe lo que se siente porque lo ha experimentado en otros momentos o vidas. Tu conciencia es la que no lo entiende o, a veces, no quiere crecer y dejar viejos hábitos, patrones, que te conducen al sufrimiento.

En muchas ocasiones esta expansión sirve para que te conectes con la creatividad y el verdadero arte que reside en tu interior, sin importar las formas; puede ser en la danza, los negocios, la atención a clientes, la pintura, la sanación o algún otro servicio. Lo que haces y cómo lo haces, cambian cuando estás expandido. Y lo sabes, lo ves cuando la gente se percata y te dice: "Vaya, ¿qué te has hecho últimamente?, te ves muy bien, algo cambió". Entonces surgen las ideas sobre algo y los mensajes de tu alma se revelan dándote inspiración, mostrándote los sueños que dejaste atrás y que ya es tiempo de realizar.

La expansión es una cualidad que caracteriza al Amor, así como el miedo es lo contrario. En el miedo no hay expansión, hay contracción y cuando esta última está presente, no existe más que un vacío interminable, caos, enfermedad, incertidumbre y nulidad de tu ser.

Es importante que tomes en cuenta que nada necesitas hacer para sentirte expandido, como el sol lo hace al salir y calentarte. Tú eres así cuando ríes, cuando gozas, cuando te comunicas desde tu humildad y te expresas adecuadamente. En realidad, las fantasías que te llevan a decirte mentalmente que no lo mereces son los únicos obstáculos en tu camino.

Aprende a hacer a un lado el miedo. Por ejemplo, puedes mirar un acantilado y decir: "¡Uf, qué profundo! Si caigo, seguro moriré". Pero, ¿qué ocurre si miras enfrente y te das cuenta de que si das un paso estarás del otro lado de la otra montaña y te encontrarás en un lugar mejor, solo que, como no es conocido, no te atreves a dar el paso?

Yo te invito a que te atrevas a sentirte en tu genuina piel y te expandas a conciencia expandiendo a otros con tu presencia y honorabilidad al ser tú mismo.

A veces las personas no saben agradecer. No saben qué sí y qué no hay que agradecer. Si ese es tu caso, tal vez no sepas qué es tuyo y qué no lo es, y qué te envía el Universo. El Amor viene de parte de ti y de Dios y siempre, cuando uno se siente pleno, llegan las bendiciones y los estados de realización extraordinarios que enaltecen tu Ser. El agradecimiento surge por sí mismo, te sientes tan feliz y bendecido que esto se proyecta y también se genera a tu alrededor el éxtasis de compartirlo. No te fijes en si la gente se acerca a ver qué haces o por qué estás tan contento.

Hay mucho por agradecer, pero, ¿qué sucede cuando no lo haces? No fluyes con lo que sí viene para ti porque no lo estás reconociendo, no tiene que ver con la otra persona o situación que te está haciendo crecer. Tiene que ver contigo cuando te contemplas como parte del todo. Si tú agradeces, la abundancia regresa contigo y en reciprocidad de todo lo que has dado ahora recibes dones; esto forma parte de tu crecimiento, de tu desarrollo espiritual y de tu formación en semejanza con Dios, con el Creador de todo lo que es y que ahora se acerca de forma mucho más obvia por medio del Amor.

Al ser tú ese Dios, manifestado, te realizas agradeciendo las infinitas bendiciones contenidas en las situaciones que se te presentan. Por el contrario, cuando lo haces obstruido y sigues enojado, el Amor se queda a medias, solo lo vislumbras y sabes que está por ahí, pero lo mantienes cautivo –no vaya a ser que se te acabe– y no lo muestras, es solo para ti.

Eso es una falacia, estás a la mitad del camino. Necesitas abrir el corazón, confiar en tus pasos, en la ayuda divina y entonces percibirás las bendiciones. Verás que valió la pena resolverte, sentir de nuevo lo que duele y soltarlo... Ahora, ¡respira! Qué bien se siente, ¿no? Soltar todo lo que existe y que andas cargando, soltar todo lo que no te lleva a restablecer los espacios sagrados en ti, conectarte con tu esencia y manifestar lo que sí eres. ¿Ves tus cualidades? ¿Ves toda tu historia de lucha y recuperación? Agradece eso primero, agradécetelo a ti y podrás ver que todo se juntó en el Universo para que así fuera, que nunca lo hiciste solo: siempre hubo personas, ayudas y presencias divinas que te mostraron el camino y te acompañaron.

Es probable que a mis palabras respondas: "Ah, sí, pero yo no tengo bendiciones, solo he recibido el abandono, el abuso, y no salgo de una desgracia cuando ya entro en otra".

Ante esto, lo único que puedo hacer es insistir: es hora de bendecir y agradecer, porque gracias a eso que has vivido es que estás despertando: ya te hartaste de esa vida de sufrimiento y hoy estás leyendo este libro. La revelación que aquí te doy, ya sea que la tomes como sugerencia o no, representa la clave para tu desarrollo, el Amor incondicional en ti. Sé compasivo y sigue trabajando en tu recuperación.

Solo así saldrás adelante y encontrarás tu brillo cuando te mires en el mar, en el agua, ante un espejo, en los demás, en la vida misma. Entonces sí exclamarás convencido: "Nada fue en vano. Lo he hecho lo mejor que he podido y ahora es diferente mi realidad". Honra tus pasos, eres lo mejor que tienes. ¡Tú mismo!

Agradece con Amor y compasión a:

- La familia que llegó contigo a darte la vida
- Los amigos que has tenido
- Las relaciones que has vivido y aun sus corazones rotos
- Los bienes materiales
- Las experiencias buenas y las no tan agradables
- Los sabores que has probado
- Las texturas que has tocado
- Todas las experiencias que te han ayudado a crear una personalidad que en este momento los demás reconocen en ti

Porque eso que has vivido es lo que eres. En cierta forma, es lo que te ha ayudado a darle valor a tus pensamientos y acciones, pero lo que en realidad eres, está mucho más lejos de lo que tú ves. Eres mucho más: eres cualidad de vida, cualidad de Amor, cualidad de grandeza, cualidad de asombro. En pocas palabras, eres un ser bello, tan magnífico que, aunque en ocasiones te hayas equivocado, hoy estás aquí inspirándote y viendo de nuevo tus sueños.

> Nada es imposible,
> mientras el Amor exista en ti.

Comprender que no es algo que se te regala, que nada necesitas hacer para merecerlo o para obtenerlo, te pondrá en el lugar preciso para que agradezcas tu vida misma.

LA ALEGRÍA Y EL GOZO

La alegría y el gozo constituyen la expresión más confiable del Amor, la más obvia; el Amor trae consigo estas agradables emociones. Se siente en todo: en tu cara, en la forma en que caminas, en tu manera de bailar, en tus cantos, en tus relaciones, en tu salud. ¡En todo!

Dime, ¿te sientes alegre por momentos? Puedo decirte que aunque la vida, a veces, sea caos, la alegría está por doquier. A la muerte de una persona, puedes extrañarla, pero también alegrarte porque ese Ser ya está donde debe estar, caminando una nueva vida, reestructurándose y preparándose para una nueva aventura.

Así, cuando estés triste, ¡siéntete alegre porque ese sentimiento pasará! Sabes, eso es optimismo, pero también es ¡Amor! Si sabes acompañarte en todas tus oportunidades verás todas las facetas de tu vida y llegará un momento en que saldrás a flote y no te hundirás ante los eventos que se presenten.

No tienes que tolerar azotes en tus relaciones; créeme, no tienes por qué. La alegría es parte de ti, eres un ser inigualable que viene a mostrar lo mejor de tu realización a los demás y a tu propia realidad creada desde tu visión interna. Nadie ni nada te quitará eso. No dejes que te digan que ya no bailes, ¡hazlo! Es tu derecho, es tu parte que te conecta con tu danza interna, con tu Ser y tus guías, con las estrellas, con los árboles, con todo lo que hay y que está esperándote para bailar contigo. Si se trata del canto, ¡canta! Si hablamos de tu trabajo, ¡hazlo! Siempre que sepas que la alegría viene de ti y no de los demás o de las circunstancias, entonces se convertirá en una cualidad imparable.

A veces podrás sentir nostalgia o tristeza; eso está bien, ¡acepta y honra esos sentimientos! Pero encuentra el otro lado de alegría del momento. Eso siempre te restaurará y alimentará hacia el camino de la iluminación.

La alegría no es un dulce que comas y al saborearlo expreses "mmm". No, es una cualidad que viene del Amor. Sin Amor no hay alegría, la alegría genuina es una conexión que haces cuando sientes las presencias del Universo estrellándose en todos lados, contra todo. Y el resultado es genial. ¡Tú eres ese resultado con esa sonrisa tan grande y expansiva cuando abrazas, cuando comes ese dulce y dices: ¡Ah, ahora sí!

Recuerda que no necesitas merecer para sentir alegría, solo necesitas reencontrarte y se manifestará. Abraza tus logros, siéntete en gozo y alegría con ellos, eso hará que la puedas conservar en su expresión total hasta que te la creas y digas: "sí, soy un ser de luz alegre y bailador, ese soy yo y me amo".

El gozo es una característica que viene con la alegría y es un estado pleno del Ser. Esta cualidad que se vierte sobre el estado completo se manifiesta en todo momento, pero más cuando se vislumbran altas frecuencias obtenidas por tu evolución. Cuanto más conciencia tengas, con mayor facilidad se sostendrá el gozo. Este lo puedes sentir cuando ves algo y sabes que es real, que no hay nada que hacer, que es perfecto y ahí entra tu verdad y confirmación de lo que eres, de lo que son los demás en tu Universo y la red con la que te conectas.

A veces leo fragmentos de este libro y recuerdo mis inicios. Te veo a ti transformarte ahora y el Gozo me expande de una forma que nunca pensé que sería posible sentir y crear. Igualmente, cuando abrazo a una amiga o a un hermano, el Gozo de la vida misma desde otra perspectiva provoca que surja en mí una sonrisa que se mantiene durante horas. ¡Y es genial!

Shanya

PARTE 3

¿Qué es el Amor?

Las relaciones personales son difíciles porque cada quien es afín a lo suyo, porque cada quien gasta su dinero como quiere y porque la vida cambia momento a momento, todo el tiempo, y eso es algo que no siempre se recuerda. Hay que soltar y trabajar, soltar y liberar, soltar y permitirte encontrar a tu próxima pareja con quien sí te va a ir bien.

Cuando una persona se abre al Amor, todo mejora en su vida. Y, esencialmente, reunir fuerzas para liberar emociones y cosas pasadas que te tienen atado crea el puente de la razón y la sabiduría con la emotividad del Amor. Sin Amor los seres humanos no pueden vivir, estarían en aislamiento todo el tiempo. Mas, ¿cómo conoces el Amor? Amor sin medidas, Amor ciego, Amor de pareja, Amor condicionado, Amor loco, Amor asustadizo, Amor dependiente, Amor independiente, Amor grosero, Amor hermoso, Amor listo para renovarse. Son meras definiciones, el Amor es uno solo dentro de su universalidad, es la forma más completa de existencia de la belleza del Creador, es un estado perfecto de comunicación y expresión de cualquier ser humano, cualquier animal o planta.

Y es este Amor el que tiene diferentes matices y cualidades. ¡Claro! El Amor, como las personas, tiene diversas formas de expresarse, aunque sea uno solo. Su expresión dependerá de quién lo emana, quién lo recibe y cuál es el vínculo entre ellos. Un animal puede amar sin reservas a otro animal sin albergar pensamientos de rencor o de otro tipo. El Amor, la esencia de la exacta realidad de esos animales, no se confunde con su capacidad de alimentarse o dormir. Simplemente, ellos saben cómo sentirse amados o expresar un momento de Amor. Están conectados con los espíritus de las plantas y los árboles, de la naturaleza y los elementos.

¿Tú crees que los elementos tienen capacidad de amar? ¿Qué pensarías si te digo que sí, cualquier ser sintiente en esta Tierra y en todo el Universo la tiene? Increíble, ¿verdad? Cuánta belleza implica eso, cuánta verdad e intención hay en estas palabras, que no son mías sino de la propia lengua celestial que estás leyendo y que intenta, de alguna forma, que comprendas la espacialidad omnipresente del Amor.

Las personas que se sienten eternamente solas muchas veces no comprenden la grandeza de su luz interior. Comprendemos la luz interior como la esencia del ser que habita ahí, en un cuerpo que manifiesta la acción de Dios, en su expresión por medio de una conciencia pura en su inicio. Si esa conciencia no es pura, se crea la duda de su existencia y sus cualidades como ser de Luz, no encuentra la verdad porque mucho de lo que cree saber son mentiras disfrazadas con vergüenza. Así es como dudas de tus capacidades y, entre ellas, de la capacidad de amar. Tú no necesitas saber amar, lo que necesitas es saber que hay que despertar ese Amor que ya está en ti, eliminar los rastros de las carencias y dolores de sufrimiento para que se active de nuevo.

Sí, a veces puedes sentir que eres una mala persona y, lamentablemente, esos sentimientos de culpa te alejan del sentido ordinario de una persona que sí disfruta en su interior de un estado de Amor de manera congruente y en realización.

Siempre es posible para cualquier ser humano manifestar y ser Amor, pero ¿cómo lograrlo? Seguro te planteas esta pregunta muy seguido, tal vez en ocasiones sientas envidia al ver que otras personas sí tienen Amor y tú no... Cada uno tiene las experiencias y los filtros en su sistema de creencias para aprender las lecciones que los harán más fuertes, pero las lecciones del Amor están en todos lados, como también lo están las lecciones de no Amor, de odio, de tristeza, de soledad, de abandono, de miedo... ¿cuáles vas a dejar que te ganen? Ahora, tú decide que es tiempo de despertar ya y liberar esa energía tan cansada que se encuentra dentro de ti, que pasó hace mucho tiempo y no te permite que entres en estados de mayores realidades, propias del ser humano.

Imagina

Imagina un castillo lleno de flores con ventanales de colores, un río a un lado con un puente, grandes extensiones de verdes pastos y árboles, sabuesos que corretean, viento que sopla dulcemente, patos que disfrutan de las aguas y una luz solar que entra permanentemente por las ventanas que iluminan cualquier punto del castillo habitado por un Ser que necesita ser mimado o contenido, con grandes y confortables recámaras, con muebles muy hermosos listos para recibirte. ¿No sería un lugar excelente para descansar y reposar? Por supuesto que sí, estás rodeado de elementos que tienen la esencia del Amor sin modificación. Así es. Un corazón que nace al llegar a él el alma de un ser humano, es brillante, suave, limpio, sano, puro, armónico, agradable y luminoso.

¿Y qué ocurre si este castillo, su río y demás lugares se contaminan y ensucian poco a poco? ¿Te gustaría entrar y permanecer en un lugar así? No lo creo, pero, ¿te digo algo? Día con día te acostumbrarás a vivir así y llegarás a verlo como algo normal. Ya no recuerdas la cama limpia, con colcha de suave terciopelo y sábanas de seda. Ahora únicamente viene a tu mente la colcha llena de manchas que apesta o huele a algo que ya no recuerdas; pero, como siempre duermes ahí, según tu filtro y las costumbres aprendidas, es lo mejor que tienes.

Cualquier cosa que se vive o repite constantemente se vuelve un hábito y si no se corrige, pronto caes en creer que vives y sientes que tu corazón y tu capacidad de Amor son oscuros, insanos, pobres. Sin merecimiento generarás exactamente ese tipo de amistades, parejas, sentimientos y circunstancias.

Las capacidades de amar se distorsionan cuando se deja de recordar lo sagrado de la existencia humana. No se siente la verdad del Creador y su manifestación. Debido a los prejuicios y frases internas que confirman todas las creencias que moldean tu forma de pensar y sentir y que poco a poco generan tu realidad, no intentas siquiera regresar al Ser verdadero.

Asimismo, esa capacidad de amar depende mucho de recordar, sentir y conectarte con esa esencia misma. Si no sientes el Amor puro en su origen, es difícil que lo expandas como es. Sin distorsiones. La razón por la que debes reconectarte con este sentimiento es que ayuda a despertar su pureza, a que lo que lo ensucia o distorsiona brote para que tú lo revises e integres, para que tu conciencia se purifique y te lleve a recordar, lo que tú bien sabes cómo se siente: el Amor de Dios.

La fe bien puede ayudarte, si entiendes que todo tiene un propósito, que Dios manda caminos por recorrer y que el alma elige cuáles seguir antes de llegar a un cuerpo para darle vida a ese Ser. Muchas personas están enojadas con Dios, creen que Él es responsable de sus resultados y de sus acciones y no se dan cuenta de que es la misma persona la que gradualmente forja su destino.

La red de almas que se reúnen alrededor de ti, crean tu realidad. Tienen algo que ver contigo o lo tendrán en algún momento y tanto tú como ellas se necesitan para vivir lo que les llevará al siguiente paso de aprendizaje y enseñanza de vida, para concebir un despertar y así, ir modificando lo que surge en el día a día. Si lo analizas, todos los días tienes eventos: a veces te cancelan o cancelas alguna cita, algo se descompone y no puedes pasar o salir, el lugar al que vas está muy concurrido y no llegas a tiempo. De igual forma, hay días en los que llegas perfectamente, sin prisas, sin tránsito, no pagas estacionamiento y el cliente sale satisfecho. Esto varía según la razón consciente de ese día que influye en los días subsecuentes, lo que quiere lograr para seguir evolucionando. Cuando esa evolución llega a la forma del Amor, es decir, se va incluyendo el acompañamiento, la oración, la meditación y la certeza del Amor, el día a día te dirige a expresar de forma más constante lo que los Maestros llaman: "estado incluido de liberación", es decir, "un camino con dirección".

La dirección del Amor te guiará siempre al despertar de tu conciencia, de tu Ser interno, donde yace tu esencia. Tu alma necesita ser escuchada en sus expresiones, opiniones, pensamientos, sentimientos y estados que lleven a una armonía brillante en tu vida.

Cuando de verdad amas a una persona, no lo haces con reservas, con miedos o juicios, la amas por lo que es. Son tiempos o momentos compartidos, solo eso, pero cuando piensas que sí, que es más, incluyes en tus pensamientos expectativas que ensuciarán la conexión con esa persona. Los pensamientos enfermos, son pensamientos condicionados que han aprendido algo en sí mismos, en experiencias pasadas, que muestran el contexto de la experiencia. Es decir, si tú te criaste con un padre abusador, es muy probable que tengas pensamientos de abuso y miedo en tus relaciones con hombres. Pero si te criaste con un padre respetuoso, tu filtro sobre tu pensamiento respecto a los hombres será sano. ¿Cuántas veces no has pensado que la vida es difícil? ¿Cuántas veces no te has tirado a llorar porque no puedes más? ¿Por qué extrañas tanto a esa persona tan significativa en tu vida?

Y tú ¿cómo amas?

La vida de pareja entraña la convivencia con otra persona, con quien compartes tu vida, tus actividades, tu cuerpo y tu cariño, entre otras cosas. Pero si compartes el Amor con alguien que no es tu pareja, digamos con un amigo, ¿te da eso derecho a emitir juicios, a opinar sobre su vida y sus decisiones? No, el Amor no incluye en absoluto el derecho a entrometerse en la vida de los demás. Respetando el libre albedrío de cada persona podrás acercarte, caminar, recorrer su mismo camino sin ser parte de su caos. Cuando pretendes intervenir en la vida de otra persona, cargas sobre tus hombros decisiones y consecuencias que no son tuyas pero que te afectarán por haber intervenido donde no te correspondía.

Todo ser humano en algún momento ha creído que el Amor es sacrificio, entrega total o pérdida de la individualidad, pero las cosas son distintas, ¿por qué crees que lo ves de esa forma? Porque no entiendes de dónde viene el Amor puro.

El Amor incondicional nos habla del estado del ser humano que abre las puertas de su corazón con sentimientos adecuados, vibratorios y luminosos hacia una persona, donde se acepta su vida, tal cual es, y su persona. Si no lo haces así, entonces no es Amor incondicional.

Reflexiona en lo siguiente. ¿Te has puesto a pensar si es necesario dedicarle tanto tiempo a los demás? ¿Alguna vez te has dado tiempo suficiente para conocerte mejor y analizar tu vida y tu persona? ¿Cómo redirigirla? Eso es algo que podrías hacer constantemente, un momento o varios momentos o todo el tiempo.

Nunca estás separado de ti, siempre estás ligado a tu conciencia, pero tú lo ves de forma separada. Por eso no necesitas salir para encontrarte, sino silenciar tus voces de miedo y abuso y redirigir tu enfoque hacia tu ser interno. El silencio es el mejor aliado, donde puedes encontrar algo, un mensaje de tu alma que en ese momento se está comunicando para guiarte.

Cuando se confunde el Amor se cree que es algo que se entrega para recibir otra cosa, como recibir dinero por dar cariño o sexo. Y el resultado no es siempre el que se espera, no dará lo que se necesitaba de esa forma que ya está configurada en la mente. La otra persona siempre será distinta a ti, por más experiencias de vida que hayas tenido; él o ella será diferente en su contexto y la imagen mental que aparentemente tienen en común, aunque lo hayan vivido juntos. Por eso, muchas parejas no se entienden; aunque hablen de lo mismo, hablan otro idioma, o por lo menos eso parece.

Y nadie comprende nada. Por eso, ¿qué es el Amor? ¿A dónde te lleva? ¿Es de verdad una opción para ti? Claro que es una opción y tú sabes a dónde te lleva, sin mayores rodeos. Si andas siempre en su búsqueda, es que no lo estás viendo. Está en ti permanentemente, ¿cómo es que no lo ves? No lo modelaron para ti, no te lo enseñaron y, por lo mismo, tu mente no sabe lo que es en realidad y no está incluido en tus sentimientos.

Si vieras ahora una piñata de muchos colores que da vueltas para ser rota por los niños, ¿qué es lo primero que harías? ¿Correr, tomar el palo y pegarle? ¿O esperarías a que todos le hayan pegado? Depende de quién seas, si una niña o un adulto, ¿no crees? Pues hablamos de lo mismo: el Amor depende de su enfoque, de cómo has vivido tu vida y cuántas piñatas tuviste para darle forma al significado de Amor y Amor interno. El Amor interno es esa piñata de colores que da vueltas; si eres un adulto que entrega el Amor que esta representa a una persona que está lejos, observarás y esperarás a que esta esté bien resuelta. Y si no esperas, entonces serás un niño que quiere su dulce y romper la piñata de inmediato y saborear sus caramelos.

Así es el Amor, tú puedes incluirlo en tu vida con intención y, sin embargo, está ahí siempre. Puedes retomarlo y darlo prestado, pero, ¿crees que se acabará? No, porque su energía es solar, es una energía de completitud, que realmente abre y expande las cosas en la vida de muchas personas. Esta energía no se puede tirar de ninguna forma más que con el miedo que no permite que el Amor esté presente.

Una persona con aura de color rosa (el Amor incondicional), lleva en sí misma la misión de la verdad de la existencia incondicional, de la consejería y la expansión del misterio del Universo llamado Amor. Es la esencia misma del Amor único, absoluto, y ese Amor en sus diversas formas de manifestación resulta ser tu mejor opción para reencaminar tu vida.

¿Por qué digo esto? Bueno, dentro de las miles de formas que hay de tener un camino personal, las personas que incluyen el Amor esencial en ellas han tenido mucho más éxito y paz, así como relaciones sanas, que las personas que no lo han incluido o expresado. Solamente con la intención de soltar los lazos, recibir Amor y darlo, se retribuye todo esfuerzo tuyo por ser tú mismo; esto quiere decir que cuando eres original gozas de la fuerza para integrarte en tu interior en la exacta filosofía interna de la verdad no oculta sobre el Creador de todo lo que es. Dios, si así lo quieres llamar, la conciencia suprema, es esa energía creadora de todo lo que te habla a cada instante.

Si esta fuerza creadora no existiera, el Amor no sería una cualidad relacionada con ella; de hecho, más que una cualidad, es un estado permanente que puede ser y que ha sido eliminado o destruido en muchas personas. Siempre es posible recuperarlo cuando la persona necesita revivir o tener un cambio significativo en su vida. Así como cualquiera puede reunirse con sus amigos en cualquier momento, el Amor puede manifestarse en cualquier momento.

Se sabe que el Amor está dentro de la chispa o gota suprema del corazón. Que si lo vieras de frente estaría cerca del lado derecho del corazón, de la línea media. Es necesario despertar esta gota de conciencia para que el Amor real, el divino, sea restaurado y elevado hacia todos los horizontes para su interpretación idealmente crística y sonora, como lo haría el Maestro Jesús (hablando de Cristo como un ejemplo de un Avatar que enseña el Amor en el mundo). A él se le ha preguntado por qué crea mensajes y milagros sin hacer nada y su respuesta siempre es la misma: "No soy yo, es el Padre a través de mí y sus hijos en la Tierra que brindan sostén, fuerza, vitalidad y Amor a todo lo que encuentran".

La fuerza del Amor rompe cualquier barrera porque está conectada desde tu corazón con la coronilla, y esos dos chakras crean un puente entre todos los demás para salir y manifestar cualquier cosa.

Se cuenta la historia de un hombre que vendía frutos en su pueblo y cuando resolvió los problemas de los demás, hizo que su familia robara. ¿Por qué? Porque no había razón suficiente para quedarse con lo que tenía y no había Amor en él, solo miedo mal dirigido y falta de confianza en lo que se es, la razón del actuar y relacionarse. Cuando eso sucede, no hay tolerancia, no hay salidas fáciles de los eventos y grupos, no hay congruencia entre las actividades y lo que se genera alrededor.

Algo que he aprendido de mi padre es su fuerza para crear proyectos e ideas y resolver situaciones. Y esta fuerza se manifiesta por una conexión con el espacio, con los elementos, con lo que uno es.

Shanya

La necesidad de amar

¿Hay necesidad de amar? El Amor es como una barra de pan que cuando sale del horno es perfecta. Si la tomas y la abres, la ves vacía y ya no es perfecta, pero si le untas mermelada o mantequilla piensas que está mejor. Tuviste la necesidad de dividirla en dos y verla completa solo si tenía algo en medio, si otro algo lo endulzaba o rellenaba.

Una persona no tiene forzosamente que amar de ninguna forma para vivir el estado de Amor. El Amor se expresa en sí mismo y, por tanto, no necesita que se le ame o recibir Amor. Como estado es perfecto. Como necesidad humana se confunde con la felicidad, la cual no puede alcanzarse si no se recibe Amor. Esto es, no es necesario que otros te amen para que tú te sientas pleno. La plenitud viene de conocer tus intimidades, tu pensamiento más profundo, tu cuerpo y tu vida misma. Cuando comienzas a bendecir y a aceptar momento a momento lo que eres y vas creando, el Amor surge con lo mejor de ti mismo. Eso hace que los demás quieran estar contigo y compartir. Pero si necesitas que el otro te ame para sentirte feliz, no estarás expresando lo mejor de tu Ser, sino que cargarás la responsabilidad de tu felicidad y de tu interiorización personal a otro ser. Lo que no sabes es que nunca podrá hacerlo tan bien como tú.

El ser humano es único, es individual en su cuerpo y su conciencia; sin embargo, existe la conciencia colectiva o macro universal que se conecta con los demás y con el Universo como un todo. Es como un mar con arena, donde tú apenas eres un grano de la arena que forma parte de la playa y, sin embargo, si ese grano de arena faltara, la playa no sería la misma. Se necesita que tú participes, que estés en el medio al que perteneces para que los designios del Universo se cumplan y tu misión se concrete.

Eres un ser social y en ti está el encontrar, si tu alma lo quiere, una pareja con quien aprender y caminar la vida.

Es más, tú y lo que eres, el camino que emprendes, basta para poder sentirte pleno, aceptar tu misión y crear lo necesario para tener un estilo de vida adecuado y sano. Las expectativas que tienes de que los demás reciban tu ayuda o tu Amor, vienen de un lugar bloqueado que confunde y genera pensamientos como: "Si doy Amor, recibo Amor", "Si ayudo a esta persona o le doy dinero, no me va a dejar, me debe", "Si el dinero es necesario, también lo es el Amor; el dinero compra Amor", "No valgo lo suficiente, no le va a gustar mi persona", y así muchos pensamientos deformados sobre el Amor y tu persona.

¿Por qué tienes que vivir sin expectativas? Es sencillo: el Amor ama porque sí, porque está en su esencia como estado de perfección del ser humano. No necesita una razón; puedes amar a quien te lee un cuento, a quien te presta el periódico, a quien te sirve el plato, ¿por qué no? ¿Tienen que hacer méritos? ¿Quién te enseñó eso? ¡Recuérdalo! Ahí está la posibilidad de corregir cualquier pensamiento equivocado. Nadie tiene que hacer méritos para que lo amen, para que pueda expresar Amor o manifestar en sus acciones y palabras energía de expansión y verdad.

El Amor es parte del derecho universal de cada ser humano y no es un regalo. Ya viene integrado a la conciencia al ser liberado y entendido para expresarlo en su mejor forma, como el Universo en su perfección te lo otorgó.

Las expectativas generan cadenas alrededor de las experiencias de vida que te estorban. Si una persona no te hace caso y tú esperas que lo haga, ¿qué ocurre? ¿Empiezas a sentirte triste porque no lo mereces, porque algo defectuoso hay en ti? Esas son falsas verdades que te has creído, el Amor no necesita méritos. Pero si la otra persona decide no amarte no es por ti, actúa así llevada por sus gustos, miedos o necesidades. Al entender que el otro no es parte de ti, pero sí de tu Universo, dejarás que las partes del Universo se muevan con derecho propio y libre, porque en eso reside la grandeza del Universo y la tuya, "en permitir". Ahora bien ¿alguien no te corresponde? No te enojes, encontrarás a tu pareja si sueltas las expectativas de que esa persona debe tener cierta características, decir cierta cosa o tratarte de cierta forma. Y es el Amor el que podrá expresarse de diversas maneras, como el Amor compasivo, del cual ya hablamos.

El Amor y tu Universo

El Amor viene a manifestar armonía y sanación, salud y libertad. No permanece aprisionado o secreto. Siempre fortifica a la persona o a los demás; por eso, cuando veas que en una relación no se siente esta armonía, podrás percatarte de que no hay Amor verdadero. Y podrás ver a esa persona en su camino, pero será tu decisión integrarla o no a tu Universo. Un Universo personal puede caer en el caos por una persona. Tú tienes la fuerza para dirigir tu vida como tú quieras. Date cuenta de que tú eres quien decide cómo resolver las cosas y a dónde quieres llegar, con quién deseas estar y por cuánto tiempo.

> Tu Universo es la serie de conexiones, personas, lugares y actividades vinculadas con el cómo y dónde te relacionas en tu vida diaria.

Puedes optar por mejorar tu Universo, tu red, permitiéndote fluir sin enojarte y siendo tú el responsable y cocreador de tu realidad. En parte, entras en esta red con las necesidades de las personas que pertenecen a ella, por lo que influyen en tu realidad. Por ejemplo, puedes llegar a recoger un producto a una tienda y ser objeto de mal trato por parte de un empleado. Este empleado es parte de tu red de lugares y personas dentro de tu Universo y tu realidad. Él tiene su mal humor y tú tienes prisa. Una parte de los dos se ocupa de crear una situación, agradable o no, pero, como no tienes control sobre el otro 50 por ciento de tu interlocutor, ¿qué puedes hacer? Siempre que las relaciones de pareja se inspiren en las cualidades de alguien más, el fracaso de esa relación estará garantizado. Puede gustarte una cualidad de tu pareja aunque es fundamental tomar en cuenta que eso no lo es todo, las cualidades son parte de su crecimiento, el cual se ve manifestado en su realidad.

Una persona proyecta su vergüenza en el otro cuando necesita que este le resuelva la vida o sus dolencias. De permitir esto y no ver que es tu parte enferma la que te dice "Ve, él te va a aliviar", reforzarás la actitud que te lleva a convencerte de que no puedes resolver, integrar y soltar por ti mismo.

A menudo las parejas parecen funcionar bien, pero están en la etapa del enamoramiento, en la que cada uno percibe solo las cualidades del otro y no lo que él o ella tiene que trabajar. No me refiero a lo que llamamos defectos. Los maestros consideran que los humanos no son defectuosos, los invitan a inspirarse para resolver sus metas personales y llegar a la iluminación al comprender que valen mucho, que son grandes personas y también pueden ser grandes maestros. Que el Amor implica la unificación de ellos mismos con lo que vienen a hacer como misión. Mas, ¿es el Amor el único conductor de tu vida? Tu alma sabe que no es así; el Amor puede bastar, pero cada ser evolutivo tiene que aprender diferentes cosas al mismo tiempo en sus distintas vidas pasadas y paralelas.

La combinación de lo aprendido, aunada al Amor integrado y manifestado, podrá representar una gran puerta del Universo a los estados más elevados que un humano puede tener y aspirar a ser, que son, entre otros: la perpetuidad, la inmortalidad, la transformación del cuerpo físico en el cuerpo sutil, la transportación, las capacidades telepáticas, la radiancia, la gracia y la expansión. Pero, sin el Amor, alcanzarlos no es posible como Dios quiere que lo entiendas. No en su magnitud y el tamaño que vemos que puedes alcanzar. En algún momento podrás tener algo de esto, pero no todo. Y cuando eso sucede, tu alma se revela en todo su esplendor, baila, suelta y se mira a sí misma como lo más hermoso que hay en ese momento y en todos los momentos a partir de ahí. Si crees que esto es posible para ti, verás que las puertas se abrirán y llegarás a serlo; ya eres lo más maravilloso que ahora puedes ser, aunque te parezca que tu vida no está del todo bien.

Las personas que manipulan y mienten dedican energía y pensamientos a crear una situación supuestamente favorable para ellas, pero no ven el origen de lo que en realidad quieren manifestar o no pueden resolver. Digamos que una chica se convierte en la mamá de su mamá (esta se enferma constantemente y no quiere asimilar la pérdida del marido). La hija asume un papel por "Amor"; al fin y al cabo, alguien tiene que tomar las riendas de la casa, ¿verdad? Así, siempre hay un hijo que se preocupa por la familia entera o por alguno de sus progenitores cuando estos no cumplen con su rol dentro del entorno familiar. Si tú lo has hecho, recordarás que, ya que no eres la mamá, tienes que pretender serlo y por eso usas la manipulación, la exigencia, el rencor, la humillación y el dolor físico para hacer por "Amor" algo que en realidad no te toca vivir.

El Amor no se entrega por partes, y mucha gente lo da así: si me das lo que yo necesito, como lo necesito, entonces yo te doy lo que yo quiero, lo que creo que te toca. Das y no das, ¿cómo es eso? Cuando los padres tienen las partes de sí mismos fraccionadas, es cuando no saben dar el Amor de forma completa.

El Amor no se divide, se multiplica, se expande, se regala, se es. Y son las heridas las que envuelven la percepción de uno mismo hacia los demás, como si esto te diera confianza afuera, en la vida con los demás; a esto se le conoce como *estructura distorsionada de sí mismo.* Las personalidades son como piezas que componen un todo que es lo que la persona cree que es. Al llegar a este punto, otros te dicen que dejes de ver tu Yo como eso que tú crees que eres; no eres eso, no eres esas definiciones absurdas que le dan fuerza a la ira, al enojo, a la tristeza y a la maldad en ti. No, tú eres bondad, Amor, belleza, danza, amabilidad, reconocimiento, valor, integridad, y si necesitaras más descripciones fabulosas de lo que sí eres, entonces te digo que tu Alma y tu Cuerpo son de los más bendecidos y amados por Dios.

Créelo porque de ahora en adelante, cuando te mires a ti mismo y no te gustes, recordarás que eso que tú miras es lo más maravilloso que existe, porque minuto a minuto cambia, aprende de sus experiencias y constituye un vehículo que llevarás a ese estado final de éxtasis luminoso del cual te platiqué unas líneas atrás. Nada que puedas hacer generará suficiente culpa o vergüenza como para ser castigado o enjuiciado; tú eres el único capaz de ver qué detonó esa conducta y cuál es el resultado, y las consecuencias.

Si no te gusta el resultado, ¿qué puedes hacer? Responsabilizarte de lo que piensas, haces y dices, y cambiar lo que sea necesario. Cambiarlo implica que ya lo tienes ahí, resuelto, claro, y lo integras. De tal forma, ya no lo repites y si lo haces es dándote cuenta y asumiendo la responsabilidad de lo que tú ya sabes que ocurre y por qué. Si realizas algo que ya aprendiste, sencillamente porque así lo deseas, pero el resultado no es muy bueno, analiza ¿qué otro factor o creencia –aparte de lo que ya resolviste– sostiene todavía esa conducta? Por ejemplo, muchas veces, aunque limpias una conducta, sigues buscando gente que te maltrate; eso quiere decir que, a pesar de tu logro, en tu interior sostienes otra creencia, como "no merezco a alguien bueno en mi vida".

Conviene que percibas dónde reside la fuente u origen de las cosas que te suceden. ¿Qué fue lo que finalmente detonó esa conducta que no tuvo un buen resultado? ¿Cuándo es que tienes una oportunidad de realizarte en verdad? ¡Todo el tiempo! Entonces, ¿por qué no lo haces? ¿Qué te lo impide? ¿Cuántas veces no has visto a otras personas cambiar y tú te rehúsas a ello? Eso le ocurre a mucha gente y es parte del despertar de cada persona que tenga en su alma la tentación de reivindicarse consigo misma; es la mejor opción cuando uno se decide a hacerlo.

Por lo general las mejores opciones de la vida son las que traen un reto consigo, las que te llevan a sentirte por fin pleno.

Cuando esa certeza se asoma, es refrescante la verdad que encuentras en tu interior. Tal vez no lo sientas así al principio, pero conforme te acostumbres a ver esa realidad como tuya, te agradarán los resultados y la creación divina se asomará una vez más; son pasos y pasos nuevos que irás dando y que te llevarán a seguir hacia donde necesites mirar para encontrarte. ¿Cuál es la diferencia entre tú y los demás que no tienen un camino? Tú tienes la posibilidad, con este libro, de creer en el Amor. Si no lo has hecho, es hora de hacerlo, es hora de amar y volverse ya un ser de Amor. Ya que leas esto, no habrá opciones. La tuya es una conciencia despierta que no puede volverse a engañar con palabras soeces cuando hay tanto lenguaje hermoso que puedes usar hacia ti. Mira hacia todos lados, ¿qué ves? ¿Captas lo hermoso, tradicional, liberal y enaltecedor de la vida misma, de los pueblos, las vestimentas, la comida? ¡Míralo! ¿Por qué no te das cuenta? Siempre estás ensimismado contigo y con tus problemas. La falta de Amor genera síntomas que aquí abordaremos.

- Uno de ellos es la *autoestima baja,* la pérdida del valor personal y el sentimiento de una falta total de merecimiento, que pone a tu alma en un lugar oscuro con un candado. Sí, así es esto. Tan poca luz ves en ti que, sin darte cuenta, decretas en todo momento que se siga invalidando tu ser y tu existencia; eso genera innumerables y dolorosas situaciones de rechazo, falta de abundancia y de realidades amenas.
- Otro es la *pérdida de la noción de dónde está uno.* ¿Dónde estás? ¿Lo sabes? ¿Es este el resultado de tu falta de Amor? Sí, en efecto, cuando una persona no ha recibido desde su infancia Amor y atención, se crea en ella un vacío llamado "hueco sin prisión",

lo que significa que es un agujero en tu interior pero no sabes dónde está, no está identificado, y por lo mismo, no sabes qué hacer, cómo resolverlo, ni cómo se siente o de dónde viene. Y afecta tu ternura, tu capacidad de relacionarte con otros, con tus parejas, con la sexualidad, con tus trabajos. Son personas que se vuelven muy científicas, muy analistas, con muchas barreras de percepción, que no se percatan de lo que hacen o dicen, como puede ser maltratar a una persona o a un animal, llegando a sentir gran tristeza, culpa y a veces, un gran enojo que proyectan muy seguido.

Pero, aunque no te sientas identificado, ¿cuál es la verdadera posibilidad de resolver la falta de Amor? Tomándolo desde tu interior. La conexión que hay en ti como ser de Luz vendrá a mostrarte el camino: la Fe. Siempre, aunque no la hayas sentido y no te sientas afortunado en tus vivencias, existe la Fe; esa posibilidad es un rayito de luz que surge de tu corazón diciendo: "Sí es posible; no lo ves, pero es posible, solo cree", y de ahí puedes seguir buscando.

A todas estas, ¿qué es lo que vas a buscar, si no lo conoces? Primero siéntete cómodo, con la idea de que hay más para ti, de que tienes el potencial de sanar a tu niño interior y de que tu adulto puede verse recuperado y honrarse desde tu lugar sagrado llamado vida. Si tú honras tus vivencias y tus experiencias de vida, vislumbrarás el camino para llegar a esa libertad y Amor. De tal forma, sabiendo que sí es verdad, puedes sostener cualquier camino que elijas y redescubrirte. Todo el que se busca a sí mismo verá que en algún momento se perdió, que no ha sabido a qué viene, qué quiere hacer y cómo dejar de sentirse triste.

Así que recupera tu poder; por más atropellado que estés, ¡recupérate! Sé que no sabes cómo, pero ten Fe, cree en ti. Es el primer paso. Ahora cree en Dios y luego cree en la vida misma y sus lecciones. Por más difícil que esto haya sido para ti, recuerda que tienes una misión y para poder completarla necesitas vivir el otro extremo, entender en qué deberás trabajar, manifestar tus fortalezas y creatividad para realizarlo. La vía es fácil: el Amor. Digo fácil porque al tener claro que sí puedes recuperar tus pedazos, llevarás la mitad del proceso realizado. Restará únicamente trabajar esas voces que te dicen que tienen miedo y que no quieren dedicarse a revisar lo que te ha dolido por tanto tiempo.

> *Yo recuperé mi poder en el instante en que dejé de ver a las personas como superiores o inferiores. He dejado ir al miedo a lo que pudieran opinar sobre mí o mi vida, he permitido que vuelva a mí la energía de la confianza y el Amor personal. Como resultado, dejé de enfermarme.*
>
> *Shanya*

Las enfermedades son muy caprichosas, se toman y crean todo tipo de distracciones para no resolver un dolor, tristeza o abuso, así que mejor te enfermas. Asimismo, son una llamada a resolverlo. Como tú sabes, el ser humano no tiene en sí mismo la capacidad de la enfermedad como tal; es un ser sano, pero la mente es la que engaña y revierte los procesos para no hacerse responsable.

¿Cuánto tiempo has estado enfermo? Hay quienes llevan años, y aquellos que conozco que no se enferman, es porque tienen alegría en su vida y creen en una opción mejor o, por el contrario, están tan enfermos y son tan obsesivos que se enferman de gripe o dolor de estómago a cada rato, y 20 años después manifiestan un cáncer o presión alta. Esa sensación de certeza te llevará a darle un giro a tu visión de ti mismo y de tu realidad; da el paso por favor.

Es tiempo de renovarse y mostrarte quién eres.

Nada hay en el exterior que te sirva para crecer. Todo lo tienes instalado en ti, pero no te habías dado cuenta. La misión viene con códigos de Amor, de sabiduría, de servicio, de salud, de transmisión de dones y estos códigos son activados cuando tu alma los necesíta, así que siempre sabes cuál es la respuesta que requieres.

Uno de los principios de la misión en un ser humano es que lo tiene que llevar a lo que a esta alma le hace falta vivir. Es decir, si ya ha transitado por experiencias sexuales no satisfactorias, necesitará encontrar esa satisfacción en algún momento de su vida para sentirse realizado. ¿Cuántos de ustedes no se ven reflejados aquí? ¿Cuántos han pensado que la insatisfacción era característica de una relación sexual? ¿Lo pensaste tú alguna vez? Y cuando conociste a otra persona, esta te abrió el mundo y la visión de otra forma, otro sentir. Entonces ¿qué haces con el mismo helado siempre? ¿Te atreves a caminar un poco y ver si hay otros sabores? ¿Qué tal si los pruebas y descubres algo nuevo de ti y que el sabor de siempre no es lo tuyo?

Este principio se aplica a todo. En todas las áreas de tu vida hay algo que integrar –integrar significa incluir–, porque consideras estos aspectos de tu vida que no te gustan como ajenos a ti. En realidad, ahí han estado, por alguna razón, aunque ya no te sirven o ya no funcionan. Entonces, necesitas conocer otro aspecto que entre y llene ese espacio, que lo haga crecer o expandirse, permitir que así sea diciendo: "Sí, quise eso en mi vida, ahora lo suelto", e integrarlo.

Para ser más precisa, digamos que eres una joven de 18 años que ha sido retenida en una familia que no ha reconocido su persona y a cambio siempre se le exige que dé lo mejor de ella. ¿Cómo vas a dar lo mejor de ti si no hay un reconocimiento previo de tus padres que te aporte una pista sobre qué eres? ¿Sabes si eres inteligente, buena para las matemáticas o para el arte? ¿Podrías dar lo mejor de ti? ¿Pero si no lo sabes? Al caer en cuenta de que no te lo dijeron y que te gusta expresarte a través del arte, por ejemplo, aceptas esta negación en ti aunque duela y te dedicas a lo que sí te gusta. ¡A pintar! Dejas de caminar sin lugar, sin razón, sin rumbo, porque ya sabes qué no te gusta y qué sí te gusta. También dejas de proyectar envidia a los demás porque ellos hacen arte y tú no, aunque así es, solo que no estabas consciente de ello. Cuando lo ves en ti y lo permites, lo permitirás en los demás porque ya es tuyo, porque lo entiendes y lo aceptas.

Cada familia tiene un código inscrito en el clan, que todos conocen y que es obvio, aunque nadie habla de ello. ¿Esto por qué ocurre? Las tradiciones fortalecen los caminos recorridos para que los descendientes no tengan que trabajar tanto en volver a sentir, recoger sabiduría y paz. Así se incluyen en sus códices energéticos las fortalezas y sabidurías, al igual que los traumas, tristezas y enojos familiares.

Una persona que se busca a sí misma, puede reconocerse en los demás y en su interior, sabrá cuándo ha llegado a una cima y sonreirá porque entiende e integra algo, aunque le asuste. La emoción de verse por primera vez le recordará a qué vino a este mundo y será el alma la que lo lleve a resolverse más adelante. Si bien parece difícil, no lo es, es la pasión del alma por su misión la que la conducirá a la evolución que necesita vivir, aunque todavía se tropiece y repita patrones.

Esa energía de vida, esa fuerza extraordinaria, ese impulso para salir adelante se llaman "ciclos familiares ancestrales" y son los que llevan la fortaleza de todos los ancestros biológicos, los que te dieron vida y han dado vida al clan, al apellido que se caracteriza por algo especial. ¿Qué sientes cuando te digo esto? ¿Lo crees?

Los ancestros son tus padres y sus padres (tus abuelos, bisabuelos, tatarabuelos...); sus experiencias vitales y sus linajes de vidas pasadas son las que fortalecen tu misión. Sin ellos no sería posible lograrla y, pese a que cada alma tiene su linaje, de igual forma la herencia en los genes es lo que lleva esos códigos. Por eso, cuando un alma decide venir a este mundo llamado Tierra, sabe que se le conoce también (por los maestros espirituales) como "el mundo del viajero valiente" debido a los riesgos, sufrimientos y desdichas que tiene que vivir el alma para recuperar lo que es como alma en su origen y en intersección con su espíritu.

Pero, ¿por qué tiene que venir? El espíritu es la esencia misma del ES con una conciencia única y macrocósmica. Es decir, se percibe a sí mismo y también como parte del todo. Tú necesitas que el Alma sea la que viva las experiencias por medio de tu cuerpo en expresión de lo que el espíritu necesita para su evolución. Así, el espíritu se conserva fuera del cuerpo como tal, pero vigila que la misión que lleva el alma sea trascendida. Cuando esto sucede, y el cuerpo muere, el alma con la conciencia regresa al espíritu para integrar los conocimientos y experiencias registradas y vividas, para después decidir regresar a seguir unificándose en la siguiente vida.

La finalidad es la liberación de esta alma al terminar el aprendizaje de sí misma en este mundo y otros, para poder unificarse con el espíritu y ser uno. En el origen fue uno, pero decidió dividirse para reencontrarse y saber qué se siente al conseguirlo. Es parte de la evolución de un espíritu que viene a ser humano. Esta liberación de la persona conlleva la única esencia primordial del Universo: el Amor. Entender el Amor en su totalidad se logra cuando se hace esta liberación. Todas las demás vidas y experiencias muestran matices y facetas de este estado de Amor, que se acumulan según el clan familiar vaya también integrándolo, y es así cuando un alma, después de muchas generaciones, está lista para iluminarse o liberarse.

Un iluminado se da cuenta de sí mismo en este estado perfecto del Amor, estando vivo y transmitiendo enseñanzas a mucha gente, y al morir puede volver a reencarnar, si así lo decide, en un cuerpo físico para seguir trabajando ya como iluminado a corta edad, como ha sucedido con los Budas y otros maestros.

Pero un ser que se libera ya no regresa al mundo de las aventuras, se va a compartir su fuerza a proyectos universales con la Fuente, con el Creador, en otros reinos o lugares ascendidos o divinos. Tiene la opción de enseñar por medio de un maestro físico, siendo reconocido como Maestro Ascendido.

Subrayo la importancia de comunicarte este mensaje para que comprendas por qué se honra a los ancestros y a ti mismo, como tu fuerza y verdad, como tu esencia. Vale bien la pena luchar por ello para así gozar de una vida digna y amorosa. Y cuando esta alma que entiende su lugar en el Universo, está consciente de ella misma y puede expresar Amor y dicha a los demás mostrando su camino recorrido. ¡A eso vienes tú! Dentro de lo que haces, y vendrás a hacer como misión, tu esencia es recuperar tu Amor interno y enlazarlo con la divinidad, con Dios, con el Universo y con tu espíritu. Éste es el más importante, créelo, hay un gran significado y simbolismo aquí para ti que será revelado a los demás cuando te vean crecer y unificarte.

El ser humano se ve separado de sí mismo, no sabe que está en todos lados, en todas las personas y en todo el Universo.

Esa separación es la que le genera mucha dualidad y sufrimiento, porque no sabe lo que tú acabas de leer, esa prueba de vida para conocer el Amor y reunirte de nuevo con tu espíritu en otra misión más grande. Todas las almas tienen una misión que cumplir y tienen la ventaja de contar con muchas asistencias para reencontrar su camino a casa. Esto te dará fuerza, valor, alegría, emoción y verdad sobre lo que tú eres.

Como he comentado, eres un Ser de luz y te encuentras en el lugar perfecto donde puedes aprender y reconciliarte contigo y con la vida que has llevado. Nada es externo, todo sucede en tu interior, todo está relacionado contigo y todo lo de afuera eres tú. ¿Puedes captar ya esa capacidad tuya, tan increíble, y la de los demás? Por eso es indispensable que respetes lo que los demás quieran con tantas misiones, revelaciones y experiencias; cada Ser necesita estar donde está para salir y comprender la enseñanza de ese momento que lo lleve al siguiente despertar.

Nunca podrás adivinar lo que los demás sienten, cada quien tiene una misión diferente. Sin embargo, sí hay uniones entre almas similares, ya sea en parejas por acuerdos anteriores o como misión de servicio o de algún otro tipo. Recuerda que hay clanes de donde viene tu alma y es lo que quiero que comprendas: no hay un destino fijo, pero sí un destino probable en el que encontrarás gente de tu tipo, personas con alma similar, para que haya identificación y se junten realizando misiones parecidas o similares. A veces, incluso se comparte la misma misión y vienen aquí a reunirse para llevarla a cabo como mejor lo saben hacer, en conjunto.

Hay almas que son solitarias y que llevan misiones también solas, como el resolverse a sí mismas o permear a los demás de algún aspecto en particular, cuando un don se revela. A cada una de las personas, de los seres humanos que quieren saber a qué han venido, les respondo que al final del camino, sea cual sea su misión, esta llega impregnada de Amor. El sentido que entraña la misión necesita del Amor; sin este no se logra la misión, aunque sea en el último segundo del último aliento de vida. Ahí reside el Amor cuando se vive la misión. Si no te has encaminado o te resistes a tu misión, tienes problemas porque no estarás cerca de la verdadera felicidad. ¿Qué hace una persona que ama construir, trabajando de administrador o de campesino? Por más que se esfuerce, no habrá Amor completo ni sentido real del existir hasta no reconocer y expresar lo que vino a ser.

Una vez que un alma se reconoce como Ser de luz puede empezar a reconocer a otras almas. Es el reflejo en otros y el propio el que le da vida a la vida misma. Recuerda, aunque lo busques mucho en tu camino, el Amor no está en el exterior, el Amor siempre radica en ti, es interno. Y este Amor interno, junto con otros amores internos, crean la unidad del Cosmos en su perfección, siendo al mismo tiempo esa misma cosa potencializada, esa misma unidad, esas mismas estrellas. Ellas, las que ves siempre y en las que anhelas estar, ¡están dentro de ti! Tú eres el mismo destino, todo pasa en ti todo el tiempo: en el pasado, el futuro, el presente, no hay tiempo lineal, sino experiencias de vida momento a momento, segundo a segundo.

Tú ¿qué quieres hacer? ¿Darte cuenta de esto? Puedes hacerlo solo para la mente, y escucha los sonidos del mar, del Universo, de tu alma y el alma que tienes enfrente. Tú sabes todo lo que necesitas saber ahora para lograr la felicidad completa, porque ese mismo estado te lleva todo el tiempo al siguiente estado en congruencia con tus pasos anteriores y futuros, siendo siempre pasos similares pero distintos, creando todo al mismo tiempo y nada en sí. ¿Por qué nada en sí? Porque todo lo que creas es parte de ti. Tú crees que existe de alguna forma pero no es así, lo único que perdura son tus sentimientos, tus pensamientos y el estado de Amor... si es que lo lograste vivir en esta forma que te comparto.

A veces imaginas que la persona que tienes enfrente, el lugar, lo que comes o lo que haces es real, y digamos que lo que tú crees vivir sí es real, lo estás diseñando en tu mente y lo crees. La verdad es que nada es real. Como ser multidimensional puedes tener muchas realidades y la finalidad de esto es que en todas te unifiques y encuentres varios caminos hacia el Amor que te lleven a realizarte como un alma sabia y evolucionada. Para eso son las pruebas y las experiencias, pero el que las vive y se enfrenta a ellas es quien se resuelve en vida y se unifica como misión última del Universo, que es la de recordar el Amor del Padre, de sí mismo y de todos los que pertenecen a Él.

Dios es Amor, es el Centro del Universo

Dios es Amor. No es como tú piensas que es, con una figura de hombre que, situado arriba de ti, te ve y te juzga. No, Dios está en todos lados, sin figura. Es todo: las plantas, los animales, los seres humanos, los seres espirituales, la luz, la oscuridad, la risa, el llanto, las casas, los valles, las montañas, los ríos, las piedras, el agua, el fuego, el sol, la tierra, el aire, las nubes, los planetas, las galaxias y todo lo que hay dentro. A esa fuerza única se le llama Centro del Universo o Fuente del Universo, donde reside en conjunto una magnificencia expansiva, donde se crea todo y se recuerda todo, y donde el Amor es la esencia pura de sí mismo.

Es la fe en lo que crees no conocer, pero que sí conoces. Es la forma más pura del conocimiento del Ser mismo y del Universo.

Es un estado que pareciera extraño, pero hay que sentirlo cuando está ahí porque, aunque lo hayas olvidado, ya sabes que Dios existe, que el Universo está presente en todos lados y es manifestado por ti y tus acciones. A esto último, si ya te entiendes como un Ser de luz, verás que cada opinión que das es un estado de gracia, es un estado de lo mejor que ya eres, de lo que en este momento, en tiempo presente, pasado y futuro eres, y es perfecto.

No importa si mañana eres otra cosa distinta o piensas distinto, no importa si cambias de parecer o ya no te sientes igual. Lo que importa es que momento a momento tú tomas decisiones siempre bajo un criterio que es cambiante y eso nada asegura del futuro.

Por eso es muy importante que te des cuenta de que el presente es lo único que existe y por eso terminas siendo siempre la manifestación del Universo que, en conjunto con todo lo que lo compone, tiene una misión para ti que reúne otras misiones y una sin la otra nada serían en realidad. Serían piezas separadas, pero el Universo no hace eso. Él sabe que el nacimiento de cada luz, cada suspiro y cada rezo tiene una intención muy específica que fortalecerá el camino de todo lo que se cruce con él. Así será fortalecido por otros en su caminar.

Como ves, todo tiene relación con todo. Así es como funcionan las cosas, no estás aquí solo, estás con todos, siendo parte de lo que llamamos sociedad, macrocosmos y microcosmos.

Yo te invito a verte como parte del macrocosmos, de la luz y la oscuridad, del ser humano y el ser espiritual, del ser individual como se autopercibe y de la incesante unificación con su destino actual ya concluido y en proceso de continuar hacia donde debe ir.

No es un destino en específico, es el simple *destino de Ser* con las cualidades que te tocan y el tipo de alma que eres, de llegar al lugar donde podrás evolucionar y revirarte en algún momento con una conciencia despierta. Así despertarás sintiéndote parte del todo, sin apegos, sin miedos, sin dolores ni sufrimientos, siendo solo tú en relación con todo.

Las reformas que vives o las reestructuras que tienes en tu personalidad y en tu línea de vida son hechas para crear confusión o motivación para emprender un camino más despierto. Muchas personas viven situaciones muy confusas, abusivas o dominantes y son el daño y el resentimiento lo que creemos que no tiene reparación.

Si crees que es irreparable, no te ves como un Ser de luz. Dios te hace a su semejanza siendo parte de sí mismo. Todas las personas tienen dentro el cuerpo luminoso que se conecta con su cuerpo físico, donde se conecta con el cuerpo de luz que lo está esperando. Este cuerpo de luz viene a unificarse con el espíritu en algún momento. Se prepara para cuando empieces a verte como un ser que puede iluminar su vida y la vida de otros. ¿Por qué decimos iluminar? Cuando estás dormido no ves todo lo que hay para ti y el Universo; por tanto, se dice que te encuentras en un lugar sin luz, porque únicamente ves lo que defines como malo y tus equivocaciones cuando solo son experiencias.

Un ser que se vive como ser de luz, ha aprendido a renovarse y caminar junto a sí mismo con el Amor incondicional y en vías de evolucionar lo mejor posible en el menor tiempo. ¿No quieres pasar 50 años limpiándote y creyéndote la verdad? ¡Créelo ahora! Lo eres porque así Dios lo quiso, te dio alas y una conciencia pura, la cual está a tu disposición para que llegues a tomarla y usarla.

Pero, ¿cómo tomarla si no la sientes? Bueno, hay que recibir las bendiciones y experiencias como son, como una parte de tu vida que es necesaria para completar los ciclos que te llevarán a transcurrir de un lado al otro, de subir de un escalón a otro, de conocer a una persona y a otra, llevándote a tu experiencia o tu destino y sintiendo lo que te digo aquí.

Aceptar lo que has decidido y lo que has hecho en tu vida representará el primer paso para salir adelante.

Aceptar la bola de nieve de tus decisiones —que han hecho que seas lo mejor que eres y que ahora bendices porque tu alma se cansó y decidió regresar al Amor—, te ayudará a ver cómo tenías que llegar a muchos otros lugares y a muchos maestros hasta convencerte de que tienes lo suficiente y eres lo suficiente para sentirte pleno.

Recordar lo que hemos aceptado y no hemos aceptado, es un truco que resulta difícil eliminar de la conciencia y el inconsciente. Lo que te propongo es que de vez en cuando mires tu pasado y observes qué no has aceptado. Lo que aceptaste, déjalo ir, y surgirá por sí solo. Tal vez aceptes cosas que no te gustaban, seguramente lo recordarás; pero lo que no aceptas es algo que por lo general se bloquea. Por eso, presta tu atención al momento en que estos recuerdos salgan a flote y velos, asúmelos, revísalos y acéptalos. Siempre que se acepta algo se hace con responsabilidad de lo que uno es y piensa, aunque no sea algo que te agrade.

Por ejemplo, si fuiste una persona muy molesta o abusiva con tus hijos y exageraste en las reglas de la casa porque, según tú, así debía ser todo; o si aceptaste la influencia, tal vez de tu pareja y por miedo a discutir mejor cediste... Siempre las cosas que aceptas o no aceptas son decisiones y el resultado puede variar de acuerdo con tu estado de Amor y despertar. ¿Qué piensas cuando miras tu pasado? ¿Lo aborreces, te inquietas, te duele?

¿O dices: "Ya pasó, mejor ni lo pienso, no fue para tanto", o te admiras y te aplaudes porque has salido adelante? La mayoría de las personas atraviesan por pruebas difíciles y casi nadie tiene padres sanos que eduquen a sus hijos con un ejemplo amoroso; pero si tú los tuviste, te invito a compartirlo. No te quedes solo con tu familia: ¡ayuda!

Al revisar tu pasado verás cuántas decisiones difíciles has tenido que tomar y cuántas han tomado por ti, asumiendo no haberla tomado o dejando que alguien más la tomara, que para el caso es lo mismo que haberla tomado tú. Eso sucede comúnmente cuando no hubo una guía y respeto a tus ideas y a tus palabras.

Las ideas son eso, tan solo ideas que pueden ser manifestadas por ti. Pero, ¿vale la pena hacer realidad una idea? ¿Es acaso el Amor la que la generó? ¿O el miedo, el enojo o un sentimiento de venganza? Bien, una idea puede ser una acción para tomar ante cierta situación que la construcción mental va a resolver, o tu mente no la diseñaría. Así que cuando hay una necesidad personal, se generan espacios para solucionarla, ya sea con una acción o una idea. Las ideas son más elaboradas y son nuevas, mientras que una acción es algo que ya hiciste. Entonces, ante una emoción como la pérdida de un ser amado, pueden surgir muchas construcciones mentales dependiendo de tu estado emocional.

Si estás enojado, pueden invadirte pensamientos como "Dejo todo y me voy", o "Alguien tiene la culpa de esto, lo va a pagar". ¿Desde dónde son creados estos pensamientos que manifiestas? Desde el interior de tu mente. El pensamiento "me ha dejado", puede generar muchas ideas o acciones con diversos resultados, como un golpe, una enfermedad, una depresión, la pérdida de un trabajo o hasta la evasión total de la realidad. ¿Cómo es que ocurre esto? Ocurre porque no hay claridad y no hay un camino de Amor que acompañe tus pensamientos.

Aun si te sientes defraudado porque esa persona se fue, cuando existe el Amor en ti, sabrás que si bien "te dejaron", te tienes a ti. Por ello, ante cualquier evento, el Amor sostiene tus pasos y no permite que algún sentimiento se ponga en acción si no está encaminado a tu bienestar. También se trata de entender el lugar de los demás y su libre albedrío para hacer de su vida lo que quieran, aunque tú estés en el mapa. No puedes obligarlos, ¿sabías eso? De verdad, nadie es propiedad de nadie y todo el que atropella los derechos de otro en algún momento será atropellado. Es la ley de "la reciprocidad". Por eso, cuando el Amor existe, siempre saldrá una acción con resultados favorables aunque en el momento no lo sientas así. Muchas veces el Amor te ayuda a transitar los pasos más dolorosos que no hayas podido dar tú solo, sin su compañía. ¿Por qué es esto? El Amor está dentro de ti, en tu interior, infinitamente, mientras sientas que caminas solo. Te percibirás a ti mismo como una unidad, altamente sensible a cualquier fallo y destello de falta de armonía. Pero cuando sientes en ti la verdad del Creador, la totalidad del Universo y su gran manifestación por medio de los seres humanos y otros seres sintientes, lo primero que se asoma ante esa grandeza es el asombro por el éxtasis de sentirse unificado y completo.

El Amor te da, te muestra que no estás dividido, sino integrado, que eres un ser mágico, libre, compasivo, amoroso, con grandes dones y grandes luces que tiene misiones altruistas y liberadoras incluyéndose a sí mismo.

La grandeza en tu interior

La grandeza no se adquiere, se trae, ¡y tú eres grande! Aunque no lo creas, ¡así es! Pero no muchos tienen el valor de darse cuenta y aceptarlo. No muchos son guerreros y deciden probar el Amor y su efecto en sus vidas. Algunos sostienen su ira, su lástima por sí mismos, porque eso alimenta su caminar, sus adicciones, sus terrores y victimizaciones, porque no conocen otro camino. Pero el día de hoy te digo que, si tú quieres, si buscas en tu corazón la verdad genuina de tu Ser, lo que encontrarás será Amor.

Es probable que a eso hayas venido a este mundo, a recuperar la verdad de tu Ser, el Amor infinito que ha gobernado tu alma por tanto tiempo y del cual te has olvidado. ¿No es hora de que comiences a ser generoso? ¿De que compartas contigo tu verdad, tu energía, sin esperar nada a cambio? El Amor únicamente espera que tú te ames y cuando eso suceda, lo expandas, porque es un efecto que no viene solo, viene con la expansión y el crecimiento del efecto real de algo que sí funciona. Algo que es parte de ti, de tu Ser y tu Alma; cuantas más veces te resistas a verlo de esta forma, más reforzarás tus pérdidas y tus fracasos.

La grandeza no viene de Ser grande, viene de expandir tu Ser que es perfecto y se enaltece por sí mismo por lo que es y son los demás. Se ve en sí mismo y en los demás. ¿Percibes la grandeza de los demás o nada más la tuya? Esto es un punto básico y fuerte. Si no ves la grandeza de los demás, no estarás viendo la propia; por el contrario, estarás escondiéndote de nuevo en el Ego de tu mente que te dice: "Ah, para no sentirme pequeño ahora soy gigante, mejor que todos". Esa actitud se resume en una palabra: ¡soberbia!, postura aún más difícil de trabajar que la humildad.

Ser humilde tampoco le ha sido fácil a muchos, pero cuando sí has podido verte en tu hermano, en tu amigo, en tu familia, llega la compasión y decides ayudar o sostener el Amor en ese momento tan difícil. No todo tiene que ser así, la grandeza viene cuando sabes que haces lo mejor que puedes en ese momento. Y así está bien, ese es tu límite y para eso te alcanzó, para verlo de forma algo amorosa, amorosa o muy amorosa.

¡Cada quien es lo mejor que puede ser! Conforme avanzas en tu crecimiento y evolucionas como ser espiritual, adquieres más claridad y conciencia de lo que eres y quieres. Eso genera las percepciones que tienes de ti y que, día a día, son bien recibidas por tu yo, el que no las cree del todo pero empieza a tener fe y esperanza.

La grandeza te lleva a crear ideas geniales y sostener tu expansión de forma magnífica.

Cuando doy consulta espiritual, mi misión personal con el paciente es que capte su luz y su grandeza. Si eso se resuelve, y la confianza regresa, todo lo demás surgirá con benevolencia desde sus aguas más profundas y hermosas. Así, las lágrimas y las risas nerviosas serán cosa común hasta que salga el Amor y la gracia sea contactada.

Shanya

Uno de los factores que no ayudan a que veas tu grandeza es la culpa.

LA CULPA

¿En algún momento te has visto y has sentido culpa por tu cuerpo? ¿Por tus palabras? Seguro que sí. Mas nadie es culpable de lo que no ve o sabe, ¿cierto? La culpa es un sentimiento que derrite cualquier posibilidad de armonía, se sustenta con cimientos de vergüenza y de carencia. "Seguro yo soy culpable de que mi mamá me haya pegado, me lo merezco", es una de tantas frases que un niño puede incluir en sus pensamientos y contribuyen al deterioro de su autoestima. Pero ¿en verdad es culpable? Un niño es eso sencillamente, un niño, y su nivel de conciencia es por completo diferente del de un adulto, no hay comparación. ¿Quién es el responsable? ¿Quién es el que puede decidir por su mejor bien? El adulto, siempre y cuando se trate de un adulto responsable y sano.

Si tú no lo eres, tus decisiones relativas a tus hijos serán deficientes, se basarán en eventos de tu infancia que no has resuelto y que proyectas sobre ellos, quienes, bien lo sabes, copian todo de ti por seguir el ejemplo. Quizá no toleres que te saquen de quicio, que jueguen y hagan ruido. Son solo niños, ¿acaso los niños no vienen a este mundo a ser niños? Si no, ¿a qué vienen? ¿Te lo has preguntado? ¿Te has visto reflejado cuando les pides algo que no está en su vocabulario, o que no comprende para sus seis años de edad? Cuidado aquí, se cree que los hijos son esponjas al nivel del adulto y en realidad nada más absorben lo que captan desde su filtro y realidad infantiles. ¿Por qué habrían de hacerlo como un adulto? Entonces no serían niños.

¿Recuerdas cuando fuiste niño? ¿Cuáles eran tus sueños? ¿A qué jugabas? ¿Jugaban tus padres contigo? ¿Te hacían caso, te dejaban solo o encargado con alguien? ¿Qué haces tú ahora con tus hijos o tus sobrinos? ¿Les das demasiado Amor o los abandonas? Son preguntas difíciles de responde porque estoy sacudiendo tu energía primaria para deshacer lo que ya no te funciona. Pero ¿estás dispuesto a dejar ir esos sentimientos vacíos dentro de ti? Una respuesta positiva funcionará en tu favor, será un gran regalo para ti.

Los sentimientos de culpa son equivocaciones de percepción de un evento. Si ese evento no fue integrado, es decir, aceptado, vivido, interiorizado y soltado, se genera un bloqueo que suele avergonzar a la persona o las personas involucradas y marca ese tema en su interior. Así, cuando, por ejemplo, alguien tiene una experiencia sexual con una persona nueva, puede llegar a resistirse a sentir, a disfrutar y a verse como deseado, o merecedor de tener esa experiencia.

La vergüenza que no es positiva manda una señal al cerebro que genera los procesos mentales y los mecanismos de defensa o acciones para ponerse a salvo en una situación de este tipo, es decir, buscar pretextos dentro de una relación, tener escasos gustos relativos a las personas o, simplemente, salir huyendo y alejarse de la convivencia.

La vergüenza sexual se resuelve aceptando el cuerpo que tienes y viendo la belleza del otro ser humano en continuo acercamiento y expresión de sus valores y sentimientos. No siempre el sexo se acompaña de Amor de pareja, pero sí hay un Amor interior por intercambiar energías con otro ser humano, dentro de sus momentos y existencias.

Todo lo que has hecho en tu vida es dirigido por una fuerza mayor, existe una intención de que estés aquí en este mundo y, aunque hay otros, en este momento te toca estar aquí, donde ahora te encuentras. La razón de comprender el lugar donde elegiste vivir esta experiencia humana de vida es experimentar las condiciones que pudieran a veces parecer irreales, para regresar a tu estado original inicial. En este estado está el Amor con bases o cimientos de lo que eres. Es lo que te conecta con tu esencia y con la Fuente del Universo. Menciono la palabra irreales porque a veces se viven situaciones terribles que son incomprensibles para el ser humano, pero que dentro de la fuerza y voluntad puede existir cualquier situación extraordinaria o desastrosa. Es parte de tus cualidades.

Tienes el poder de crear y expandir, así como de someter y deshacer: contraer.

Pero, ¿qué es lo que crea la diferencia entre una experiencia y otra, entre la vida de una persona con abundancia y virtudes y la vida de otra con un camino muy tropezado y raspado? La misión. Sí, tú puedes venir a experimentar el sufrimiento para aprender a morir bien, por ejemplo. O venir a dar servicio y sanación, así como a crear abundancia. Muchas de tus misiones tienen que ver con tus experiencias en tus vidas pasadas. Por eso hay personas que ya traen trabajo previo y en esta vida, en esta dimensión, todo les resulta muy fácil, en tanto que otras, al hacer algo negativo en su vida o vidas anteriores, se proponen compensar eso que hoy tienen que aprender, como puede ser la humildad.

Todo el tiempo te planteas cuestionamientos. ¿Si lo hubieras hecho de otra forma, si no hubieras gritado, qué habría pasado? ¿Se hubiera quedado? ¿No te hubiera abandonado? Entonces, surge la culpa. Los cuestionamientos y dudas sobre tus acciones o pensamientos son energía vieja que ya no te sirve. La culpa en sí es un mecanismo de defensa que ofrece una respuesta ante lo que no se comprende. Y despierta el sentimiento, dando una respuesta que enrede más la misma duda.

Si recuerdas que el Amor interno y divino está en ti y que todo sucede por una razón y un aprendizaje, podrás sentirte más pleno ante cualquier circunstancia sin culpa. Ya no la proyectarás sobre los demás ni la cargarás por otros. Cuando asumas eso, podrás responsabilizarte de tus acciones y consecuencias, lo que facilitará toda tu vida.

El Amor de la Fuente es tan grande y expansivo que
está en todos lados aunque lo que veas sea oscuridad.
Siempre está ahí, esperando con paciencia
que evoluciones. Y cuando lo necesitas, aparece
como un estado perfectamente factible para ti.
La clave para alcanzarlo reside en dejar de luchar
para que las cosas sean distintas.

Deja de chocar con lo que no te gusta. ¿Cómo conseguirlo? Mirando lo que has hecho de tu vida: ¿cuáles han sido tus acciones, decisiones y resultados? ¿Los has revisado? ¿Te lo has cuestionado? Digamos que revisas tus parejas amorosas. ¿Cuántas de estas relaciones han tenido un final armonioso? ¿Qué esperabas de cada una? ¿Cómo han sido tus momentos con cada una? ¿Cuántas culpas cargas vinculadas con ellas? Mientras no haya claridad sobre lo que es la comunicación, el proyecto de vida en común, la sexualidad, la economía, la libertad, la bondad, el Amor y el respeto, las relaciones serán disfuncionales y la empatía con el otro, muy complicada. La empatía se expresa cuando ves a los demás como seres de luz en evolución, que dan lo mejor de sí mismos a su nivel de conciencia, cuando piensas que esas personas, al igual que tú, tienen que aprender a valorarse, a amarse, a verse como lo mejor que tienen y a reconocer su fuerza, su destino y su misión.

Mucho de lo que crees que sabes sobre esa persona no es cierto. Mucho de lo que ves en las personas y experiencias son fantasías. Tu mente lo crea. ¡Sí, lo crea! Si en tu experiencia ha habido, por ejemplo, sometimientos, para ponerte a salvo tu personalidad defensiva buscará parejas contrarias a estas con energía baja o a las que tú puedas manipular o someter. ¿No querrás volver a vivir lo mismo, o sí? Bueno, hay dos opciones.

Una opción es que vuelvas a vivirlo aunque digas que no lo quieres, pero tu mente únicamente conoce ese camino y esa forma de "recibir Amor", lo cual va a manifestarse. Aunque te des cuenta de muy poco, la mente fantasea con partes de la otra persona, que no son reales, pero disfrazan la parte del sometimiento.

La otra opción es pendular e irte al otro extremo con la fantasía de que si lo controlas estarás a salvo. Según lo que necesites, aunque desees con todo el corazón un Amor, un amante o una pareja formal, vendrán con esa fantasía que mencioné, impregnados con ese sello; así llegan las parejas. Si quieres una pareja sana y lo pides, esta llegará porque tú te estás sanando. Pero si tienes miedo, llegará la que dices que no quieres en tu vida.

Y así es todo. Te muestro únicamente la parte de pareja, pero si hablamos de abundancia, de trabajo, de sexualidad, de salud, igualmente vendrán tus manifestaciones con los sellos de tu inconsciente temeroso y dudoso o con tu consciente más evolucionado. Evolucionas también cuando ves que todo mejora cada día, cada relación, cada trabajo. Pero se resuelve cuando tienes la voluntad de ser "tú mismo" y descubrirlo.

Observa las estrellas cuando anochece. ¿Qué ves? ¿Una noche estrellada? O ¿miles de opciones en tu vida? Esas son las posturas que vienes a vivir en este mundo. A mí me gustaba siempre pensar en las miles de opciones que la vida tiene para todos. Siempre pensando en todos, porque el Amor es abundancia en todos los sentidos y cuando lo tienes, ya no necesitas nada, pero ahí está a tu disposición.

Puedes tener lo que tú quieras, es el camino de la expansión el que te llevará a lo grande. El Amor no solo se tiene, se abraza y reparte en todo lo que en la vida vale la pena disfrutar. El Amor siempre está presente. Aun en lo que no te gusta, si miras bien, en el fondo de cualquier experiencia también hay Amor. Pero es un Amor dirigido por tus guías para que te reencuentres y resuelvas tus creencias.

La vida, como tú la ves, es disfrutable hasta cierto punto, porque no alcanzas a ver toda la imagen, todo el contexto. Si te digo que eres genial, ¿lo crees? Si te comento que tu familia tiene un lugar en el Universo también con ciertas cosas que resolver, ¿lo creerías? ¿Y que todos en conjunto tienen en sincronía varias similitudes vitales que realizar juntos y separados? Espero que me creas. De verdad, no eres un Ser que únicamente viene a evolucionar, sino que va a permear y mostrar su recorrido a los demás y compartiéndolo será Rey en su Universo.

Eso quiere decir:

> Aquel que comparte su ser, su experiencia, es el que tiene lo que necesita en la vida. Si lo conservas para ti, es el miedo el motivador de tu supuesto Amor. El Amor es tan real que no se cuestiona en absoluto el que lo compartas; simplemente surge, es un estado.

Meditación para trabajar la culpa

a) El inicio. Prende tu vela y abre un espacio sagrado. Antes de iniciar cualquier meditación quiero que llames al maestro Volutier y a mí (como Shanya), así como a tus guías, para ayudarte a trabajar tu sanación. De preferencia, prende una vela blanca para todas las prácticas.

b) Tu postura. Siéntate en una postura cómoda, ya sea en una silla o encima de un cojín donde tu cadera quede arriba de tus rodillas y tu espalda, derecha. Apaga radio, televisión o teléfonos que puedan distraerte.

Cierra los ojos; si no te gusta cerrarlos, déjalos semiabiertos con la mirada relajada y céntrate en tu respiración. Pon atención a cómo entra y sale el aire. Coloca tus manos en tus muslos con las palmas hacia arriba para que tu pecho se abra, o busca dónde ponerlas de manera que te permita sentirte cómodo.

c) Práctica. Céntrate en tu respiración y después de unos minutos, di: "Pido a mis guías que me acompañen al soltar mis culpas". Quiero que te veas pequeño, cuando tenías ocho años y mirabas con asombro algún jardín o lugar que te haya parecido hermoso y libre. Observa qué sientes y con quién estás. Ahora, suelta tus culpas, tus guías están cerca de ti, lo mismo que Volutier y yo. Tus guías están en esa imagen que has proyectado, tu ángel y tus guías te abrazan y te purifican, limpiando y sanando tu corazón.

Siente la brisa del Amor y la verdad que es la tuya. Ahora siente cada vez más las culpas. Respira por la nariz y exhala por la boca soltando los recuerdos de esa edad que ya no quieres más.

d) Duración y culminación. Después de hacer este ejercicio varias veces, cuando ya no aparezcan más culpas, pasa a tus 12 años, luego a tus 16 y 22 años.

A continuación, elige el año que quieras limpiar poco a poco, no se trata de soltar todo en un solo día. Hacer toda la práctica puede tomarte un par de meses. Si lo deseas, elige un sentimiento que te tenga atorado, como "no debí gastar ese dinero", y saca ese enojo. Tus guías tomarán ese sentimiento y te devolverán Amor en su lugar.

Termina dando gracias y bendiciendo quien eres.

Apaga tu vela.

PARTE 4

El estado de Amor

Un Estado, quiere decir un Estar, una cualidad de tu experiencia de existir. Cuando un Ser existe tiene vida, aire en sus pulmones, agua en su cuerpo, fuego en sus procesos alimentarios, tierra en sus huesos; es algo. Si le agregas una mente dirigida por una conciencia, ligada a un alma, supervisada por un espíritu, ya es algo más grande. ¿No crees que deba tener complejidad en su forma de estar presente? ¿En la forma en que se mueve e interactúa con los demás? Claro que sí, el ser humano tiene miles de formas y varios estados, algunos permanentes y otros cambiantes; están y luego se van. Pero los estados como el Amor, cuando se alcanzan no se van, se mantienen por su misma inercia. Y son muy reconfortantes ya que se vuelven creativos en sus formas de manifestación y se expanden, limpian y fortalecen en cada aspecto de tu vida.

Las relaciones humanas tienden a ser muy complicadas, entre otras cosas, por la falta de Amor a uno mismo y las falsas expectativas. Ya sea una relación de trabajo, de pareja o filial, tienen estos requisitos como si estuvieran estipulados en las familias. Es un requerimiento.

¿Cómo te ves en este estado? ¿Qué habrías de cambiar en tus relaciones pasadas? El Amor interior es el estado más puro después del Amor con Dios. Sí, primero amas a Dios porque es una forma de llegar a ti mismo cuando lo comprendes y lo sientes ya manifestado en tu vida. Muchas personas no reciben Amor, ternura, nutrimento, calidez y seguridad en su niñez. Esa falta de Amor afecta mucho su forma de percibirse, por lo que se sienten no merecedores y abandonados.

Cuando las relaciones entre niños y padres se presentan de forma disfuncional e insana, incluso abusiva, en su interior el niño se separa de sí mismo; además de la separación que se crea al verse como alguien que no forma parte de sus padres, ahora todavía tiene que lidiar con su propia separación porque no ha resuelto el meollo del Amor, porque no hay quien le diga "Confía en ti, eres un Ser completo". Al no existir esa esencia nutritiva, el niño se siente culpable y defectuoso, se daña cualquier posibilidad de tener una buena salud, una buena vida amorosa, una abundancia sustentable, un trabajo decente, y dependerá de sus experiencias vitales que influyan en su sistema de creencias, su mente y su poder de manifestación.

El hecho de no recibir ternura afecta al sistema cardiaco, al crecimiento físico, a la posibilidad del lenguaje y la visión, entre otras cosas; esto hace que el niño crezca como una persona aislada sin medida de lo que es y de su manera de relacionarse con los demás. Pero cuando un niño recibe, aunque sea poca ternura, empezará a cambiar su cuerpo y a desenvolverse consigo mismo y recuperar su posición en el mundo. A veces un niño sin ternura termina siendo un criminal por el gran recelo que siente y la incomprensión de algo que sabe no le dieron, a lo que era merecedor y era su derecho.

El ser humano tiene derecho a recibir todo el Amor que sus padres puedan darle al aceptar ser sus guías. Por lo menos, de los primeros 18 a 24 meses es necesario recibir Amor incondicional, caricias y ternura, lo que ayuda a este nuevo Ser a sentir que es bienvenido en este mundo y que tiene la oportunidad de hacer algo y ser alguien. Sin esta oportunidad de ser se crea un vacío interminable en el corazón, donde el Amor nunca es suficiente; se generan patrones repetitivos de abuso e intolerancia hacia los demás o uno mismo.

Cuando un niño es víctima de abuso, ya sea verbal, físico o sexual, es ultrajado, violado e invalidado en su Ser. Esto crea un desfase en su proyección hacia los demás. Su alma se desgarra por dentro y surgen en él una gran tristeza y desempoderamiento; se mantiene su sensación de nulidad y necesita ser objeto de ese mismo Amor nuevamente para sentirse vivo. Qué ironía, ¿no crees? El alma es tan fuerte que resiste y vive estas pruebas y experiencias para encontrar su fuerza y un camino de libertad. Aprender a valorarse y deshacerse de las cadenas para después hacerlo uno mismo no es tarea fácil, pero, ¿es sencillo el ser humano? No, es muy complejo y el Universo también, pero al mismo tiempo está en todos lados y su sencillez y omnipresencia le dan la pauta para todo y cualquier cosa; estar en cualquier situación y redescubrirse y resolverse de la mejor forma.

Lo sagrado

Lo sagrado de un Ser especial como tú, está en su rigidez. Sí, es en tu estructura ósea donde la esencia del Amor se permea y resalta, fortalece tu sentir de la vida. De tal forma, si tus huesos son frágiles, puedes intuir que careces de Amor y ternura. Si eres fuerte, habrás tenido mejor alcance en tu vida.

Ahora, ¿cómo trabajar lo sagrado en ti? Puedes llamar o invocar tus linajes de Amor y la magia del poder de sanación del Universo para que vengan y te llenen de Amor en un inicio.

Tú no necesitas a unos padres que vengan y te recuperen, necesitas de ti mismo y de tu conexión con lo que eres. Tus guías te dirán por dónde y cómo es el camino; sin embargo, yo te digo ahora que ya lo estás recorriendo desde que sonreíste al ver la palabra "sagrado". Se trata de lo que es del rey, lo que es para los especiales… y, como te dije, tú eres especial, eres un ser que viene a liberarse de las ataduras y vivir en Amor y armonía.

Eso lo comprenderás cuando te veas en el espejo
o reflejado en alguien y digas, ahí estoy. Ese soy yo,
he vivido eso y lo honro. Todo lo que sé es gracias
a mis experiencias de vida y son lo mejor
que puedo ser, soy lo mejor en este momento,
en mis estados, en esta evolución constante,
y soy responsable de todo lo que he creado.

Para mí, lo sagrado son mis palabras, mi forma de expresarme, mi energía, mi cuerpo, mi intuición, mi libertad y con quién lo comparto.

Aquí empieza tu vista sagrada hacia tu interior. Amar tu cuerpo y sentir la fuerza de los linajes de tus ancestros en ti mismo, en tus huesos. ¡Bravo, imagínate! ¿Te has sentido así aunque sea por unos momentos? Yo creo que sí, todos tienen la facultad de conectarse cuando de verdad se quiere retomar lo sagrado de la vida y dejar la seriedad para convertirse en seres de Amor.

Ternura y seguridad conducen a la paz

Retomando la ternura en tu vida, ¿sientes Amor cuando ves a un bebé o lo cargas? Esa fina energía que toca tus poros ante la maravilla que es ese ser pequeño, indefenso y genuino se llama "ternura", es la pureza de un alma en tus brazos. Cuando la sientes, tu alma se conecta con la del bebé y en los ojos viene y surge esa ternura alcanzable y para otros ni siquiera imaginable. Si no lo recibiste, no hubo conexión. No obstante, ahora te daremos recursos para que te reconectes con la ternura y te la des tú mismo.

Por otra parte, la seguridad es una necesidad básica de cualquier ser y por lo general se encuentra y solicita en las personas que trajeron a este mundo a la persona (los padres, abuelos o tutores, los que educan y sostienen el espacio sagrado de este niño). La seguridad permea en órganos como los riñones y el hígado, así como el sistema respiratorio. Crea confianza, Amor interno y lealtad hacia uno mismo y la familia. Cuando se carece de ella, los miedos invaden, los resentimientos florecen y las enfermedades como el asma y el miedo a morir se hacen presentes. ¿Cuántas veces no has visto a una persona nerviosa con asma? Tal vez muchas veces y eso retrata un momento de inseguridad: "Estoy solo contra el mundo y no sé qué hacer ni a dónde ir".

Un niño no conoce las líneas de la moral y de lo que se considera como conducta aceptada o no aceptada. ¿Cómo pretender que por sí mismo se alinee con las políticas de una sociedad, si no sabe sentirse pleno o sostenido? Si se lo exiges se verá como colgado de un árbol o de una cuerda a punto de romperse en un barranco. Siempre es posible recuperarse, pero a veces requiere mucha fuerza y voluntad interna. Y esto se consigue cuando decides que es tiempo de tomar las riendas de tu vida y pedir ayuda para que esto sea posible.

Así, el Universo que siempre te observa y te sigue, te dará opciones porque has decidido tenerte a ti mismo de vuelta en su idea original. Las almas valientes son las que ya se cansan de ser víctimas y crean otra realidad más amena sanando sus heridas.

Cuando ves tus realidades, tus creaciones y tus experiencias y las bendices, llega la solución a tu vida, esa que siempre has querido, eso que tanto te ha emocionado vivir: la paz. Esa paz que tanto anhelas y que, aunque sientas que la tienes, tu alma se siente inquieta y se comunica por medio de señales o pruebas para que llegues a ella. Que no te sorprenda que, de vez en cuando, tengas bajas de estado de ánimo y situaciones que te afecten aunque no participes plenamente en una situación. Lo que realizas con esas pruebas modifica tu futuro en forma directa y encamina tus situaciones hacia un despertar, no siempre feliz.

A veces encontrarás cosas que no te gusten o que no te emocionen y que de verdad te sorprendan. Esas proyecciones o reflejos de algo que te sucedió o de cómo eres o te pareces a alguien que no te gusta, son precisamente lo que necesitas sanar. Con toda tu fuerza y dedicación siente lo que necesitas soltar y ¡libéralo! ¿Cómo? Hay infinidad de técnicas y maestros para poder transformar lo que ya no te gusta, como el enojo. Si eres una persona con gran tendencia al enojo, ¿qué puedes esperar de tus acciones y resultados?

Una emoción mal dirigida, que no está sostenida en el Amor, no ayuda a la persona a comprender lo que ocurre en su vida. No le permite decidir lo que es mejor para ella ni sentirse parte del mundo. Las almas que están en el mundo de los sueños vienen a liberar, a vivir lo suficiente y renovarse hasta que se limpie su curiosidad.

¿Quién eres tú?

¿Cómo conformarse con lo que uno es? Hasta cierto punto no hay razón para hacerlo, pero si no sabes lo que puedes ser y ni siquiera te has acercado al Amor del bueno, al Amor real, entonces no estás cerca. Toda vez que un ser humano, y hablemos de ti específicamente, se ensalza de la verdad de Dios, es decir, la siente y la saborea, crea una red interna de líneas que se prenden y con la energía del Amor mantiene esta frecuencia en él.

Estas líneas se irán clarificando y tomando forma a nivel astral, según tu evolución crezca y se conecte directamente con el chakra del corazón; este centro energético tiene la fuerza de mil caballos, así que, ¡imagínate! Y tú, solo usas una mínima parte con la que sientes algo que tú supones es Amor. El cariño, el querer y el Amor, son cosas distintas, distintos estados del Amor y, según el resultado de tu práctica de Amor, podrás revisar si en realidad se trata de este sentimiento o si son falsas creencias que protegen tu interior para no ser rechazado o abandonado.

¿Puedes diferenciar entre amar y querer? ¿Has sentido una expansión a la altura de tu plexo que sube hacia tu corazón? Esa sensación equivale a querer a alguien; quieres estar con esa persona porque te cae bien, porque su energía va contigo, porque ha sido buena contigo, te ha protegido o ha compartido algo contigo y te identificas con ella.

Eso es un cariño que surge del plexo, energía de voluntad y poder creativo que se comparte y se enlaza con esa persona o ser viviente; contiene cierta forma de apego, una sensación de que es parte de ti, una necesidad interna de no estar solo.

Pero cuando se ama, no hay requisitos, no hay nada que elimine el sentido de individualidad de cada uno; se ama porque sí, porque existe una expansión que viene del chakra del corazón hacia todos los demás chakras, alimentándolos y potencializándolos. Este cuarto chakra, en su pureza se conecta con las líneas de la vida de una persona que está ya llegando a su misión y la está desarrollando. Por eso la evolución de un ser humano avanza conforme limpia esas líneas y conforme los canales energéticos se hacen más puros, completos o unificados. Así se reconecta la capacidad de amar y se incrementa la capacidad de conectarte con su alma y con Dios.

La fe tiene que ver con la cantidad de luz que pueda entrar en ti, con la gracia dentro de esos canales y con darte un sentido más amplio de cosmogonía y de tu existencia; sin embargo, puedes tener fe en Dios pero no resolver tu pasado y tu infancia, lo que te llevará a sentirte desunido contigo mismo y con Dios. Se trata de ambas cosas: hay que hacer el trabajo de conciencia, es decir de lo que te das cuenta y de lo que no te das cuenta de que está bloqueado, así como la parte divina de la oración y la fe en Dios y en ti. ¿Por qué la fuerza de la verdad viene acompañada del sentido amplio del Amor? Porque no hay verdad donde no hay Amor.

Para algunos es muy fácil decir "te amo" pero, ¿es verdad? ¿Amas desde ese lugar sano del verdadero Amor? ¿O esperas algo de los demás? ¿Algo de esa persona? ¿Que te ame como tú esperas que te quiera, y te abrace, te haga el Amor, te mantenga y se haga cargo de ti? Bueno, eso no es Amor; complica mucho las líneas de luz que hay en tu cuerpo astral, las cuales se bloquean si no hay pureza en la verdad de un supuesto estado como el que dices tener; entonces, proyectas una herida o una carencia. Si esperas algo, y esto que esperas viene de un enojo o una carencia, un dolor o una tristeza, es lo que sostiene el bloqueo que tus líneas de luz guían, y por lo tanto, no se limpian, no se clarifican lo suficiente para que este estado de Amor y nueva luz lleguen a permear todo tu cuerpo. Pero paulatinamente te darás cuenta de cuándo sí lo estás haciendo, sentirás cómo esa paz (que este Amor más puro empieza a darte), tiene un sentido de ti mismo más cercano a su idea original, sí, a lo que eres en tus inicios.

A veces, se comparten ideas sobre el Amor y los afectos, el cómo "debe" ser propio o no propio, tener, hacer, pensar o decir, y en realidad, a Dios solo le interesa que tú llegues a esa pureza y te sostengas ahí. Que al pronunciar tus palabras tengas una conciencia clara de lo que eres, el respeto a lo que los demás son y la interrelación entre tú, en tu nivel de pureza, y los demás.

¿Cómo es esa interrelación? ¿Te has puesto a pensar qué dicen tus palabras? ¿Qué pensamiento detonó tu sentir que lanzó un insulto? ¿Cuál es el origen de ese pensamiento? ¿Algún abuso? ¿Algún momento en que te sentiste solo? ¿Cuando te dejaban encerrado o te trataban mal algún amigo, hermano o tus papás? Quien haya sido, es momento de tomar esa experiencia y bendecirla y bendecir a esa persona.

Recuerda lo que eres en cada palabra, en cada sentir tuyo, porque eso será lo máximo del Amor incondicional cuando te reconozcas en cada palabra y en cada acto tuyo, contigo y los demás. El Amor surgirá desde lo más profundo de ti y se revelará cuando estés listo para crecer.

Es como si te dosificaras poco a poco de un gotero. Tú eres el envase, pero sientes que este está vacío y no ves las gotas. Únicamente ves que no hay nada, pero conforme elimines el vacío, sentirás lleno tu envase y ese Amor será lo que sostendrá tu camino.

Cuando te veas como ese envase ya lleno y sientas la esencia transparente de lo que eres, empezarás a ser, incluso desde este mismo instante; entonces podrás verte reflejado en los demás.

Por eso, paso a paso, a cada momento se revelará tu crecimiento: más crece el que tiene sed de ver su esencia (sí, tienes sed de saber quién eres).

Muchas veces te preguntas, ¿cómo que quién soy?, pues Carlos, el de la cafetería, el alto, el fuerte, el que ha sobrevivido. Y no es así, tú piensas que ese eres, pero no, no has visto la verdad de tu interior. *No has visto que eres mucho más, esos han sido solo tus roles.*

Disfrutar de quién eres en realidad te conducirá a lugares inimaginables. Recordarás de dónde vienes, por qué estás en este mundo y si has creado la realidad donde has aprendido a verte mejor, más sano y en tu forma genuina y ordinaria de ser. Eres un ser especial, eres un ser como todos los seres, inigualables en su corazón y su imaginación cuando se conecta con el verdadero Amor.

Cuando el Amor es mal interpretado por los condicionamientos o las creencias, se siente que la verdad de una persona puede ser inquebrantable; es decir, que tú pienses o sientas que solamente puedes amar, por ejemplo, si la otra persona reúne ciertos requisitos porque para ti eso es Amor. Muchas veces lo que es mal interpretado deja la puerta abierta a confusiones, distanciamientos, riñas, tristezas y separaciones, con o sin abuso, y violencia. El Amor, como lo has de recordar de tus luminosas vidas pasadas, viene a transformar cualquier proceso de vida, definición y malestar, al comprenderse las desventajas del miedo y el abuso.

Si miras tus definiciones sobre la pareja, verás que, de una u otra forma, hay enojo, resentimiento y tal vez culpa en relación con tu padre o tu madre. Mucho de lo que has aprendido se repite; sin embargo, si te reconectas con tus vidas pasadas y evocas esa grandeza y sabiduría sobre lo sagrado de tu existencia, verás que encontrarás innumerables experiencias donde tú ya has conocido el Amor y el desamor, podrás entender tu línea genética de ancestros de patrones repetidos donde sabrás de inmediato que ya no es necesario repetir de esa manera superando la prueba. Así, en las siguientes vidas tendrás mejores relaciones amorosas. De vuelta a las interpretaciones de lo que comprendes como Amor, te señalo ahora que el Amor no tiene descripción como tal.

Este estado es parte del ser humano, de ti. Es como si respiraras, está todo el tiempo mientras sabes que eres hijo de Dios y confías en su verdad: ¡tu verdad!, al tú ser manifestación de él. Cuando sientas la verdad de tu existencia encontrarás ciertos valores e identidad como parte de un ser de Luz ya *revelado.*

PARTE 5

Matices del Amor

Cuando un ser espiritual, es decir tú, recuerda el principio de su vida, se percatará de que en su nacimiento, a nivel de almas, existió Amor puro. Este Amor siempre es puro en su interior, pero la vida caótica y las enseñanzas de los padres te llevan a cristalizar y a veces paralizar las emociones, por lo que surgen matices en este estado.

Un matiz es un tono o forma que forma parte de un estado y viene a darte la oportunidad de verlo fraccionado para que lo puedas vivir como una forma de expresión en tu interior, en tu corazón. Una vez que estos matices se trabajan, se genera una integración en tu Ser sencillamente extraordinaria.

Te será muy difícil enojarte y la compasión se convertirá en tu gran aliada. Eso no significa que no te enojarás o sentirás tristeza, pero la percepción del suceso se enfocará mucho más en la realidad de los seres que vienen a liberarse.

El miedo es uno de los grandes obstáculos para el desarrollo de los matices. El miedo es una emoción aprendida que el ser humano tiene como mecanismo de defensa ante lo que no puede manejar o desconoce. Y esto mismo crea innumerables fantasías alrededor de un tema que perturbará cualquier intento de abrir tus caminos y tus creaciones más profundas.

Hoy te pido que recuerdes que hay muchas opciones en tu vida. Las emociones son eso, emociones disparadas por pensamientos, y si manejas, depuras y detienes estos, el miedo no estará presente, solo las posibilidades de nuevos lugares y estados de Amor y felicidad.

Matiz compasivo

Uno de los grandes matices que el hombre puede manifestar y alcanzar es el Amor compasivo o la compasión. La capacidad de sentir empatía es un gran don, ya que deja atrás tus propias necesidades por colocarte en el lugar de otra persona y observar una situación o sentimiento sin tener muchas veces que hacer nada más que sentir eso.

Cuando se actúa así de forma desinteresada, la compasión viene desde lo más puro del ser humano y este matiz crea una fuerza invisible que trasciende cualquier sometimiento o ego manifestado. Es decir, cuando no hay compasión, la persona enfrenta la envidia, el dolor o el sufrimiento por estar viviendo algo que la tiene perturbada; así, no hay forma de sostener un proceso de Amor o renacer. Mas cuando sí se siente este matiz, la compasión lleva al ser humano a conectarse con su Ser Superior, es decir, consigo mismo en su más alto nivel de entendimiento y conciencia.

A muchas personas les resulta difícil sentir compasión porque es un estado que se realiza de forma gradual según una persona pueda amarse a sí misma; sobre todo, si no desea amarse, difícilmente podrá ser compasiva con otros.

La compasión surge cuando te ves proyectado en el otro y sientes en ti mismo lo que el otro está viviendo. De modo que, si alguna vez te has puesto en los zapatos de un hermano, verás que no es tan difícil desde ahí, simplemente viendo desde afuera con un sentido interno en conexión con esa persona, el sentimiento que pueda estar experimentando.

Esto, cuando es genuino, no genera consejos ni juicios duros sobre lo que se comparte.

No puedes considerar que tu situación es mejor que la de la otra persona si entiendes que esta vive lo que necesita experimentar para realizarse y encontrar su lugar en el mundo.

Cuando emites un juicio podrás ver ahí mismo tus heridas, y cómo lanzas flechas sobre el otro en lugar de sentir empatía con él. El impacto de las heridas causadas por abusos y carencias en tu vida causa que te alejes de este matiz, ya que mucho de lo que se ve o siente tiene que ver con tus mismos reflejos internos de no sentirte respetado y valer lo suficiente. Si ves este valor en ti, puedes conectarte con la fuente de toda riqueza y Amor, y eso lo entiendes cuando sanas tus heridas.

Por eso la compasión es un paso más en tu camino de Amor incondicional hacia todos los seres vivos del Universo. Si reconoces que la otra persona se encuentra en un mismo camino que todos los seres y es un alma viajera y valiente que viene a sanarse y reconectarse, te darás cuenta de tu propio intento y será tu valor lo que te llevará a verlo en los demás. Empiezas contigo, pero el proceso es simultáneo, y conforme te aclaras en tu vida podrás ver más claro a los demás, y viceversa.

La compasión trae consigo reconciliación y permite dejar atrás rencores, juicios u opiniones personales que te alejan del Amor en sí. Brinda al ser humano la oportunidad de *ayudar* desde el fondo de su corazón, razón y entendimiento de la humanidad o lo que se llama universalidad.

Muchas veces son las conexiones entre seres y redes de vida las que traen consigo las oportunidades para poder comprender esos matices y elevar la conciencia, o no, según se decida. Yo te invito a decidir si deseas ser compasivo, o más compasivo, contigo; mirar tus propios pasos y áreas de vida que tienes que trabajar o retrabajar porque repites las pruebas que no te gustan, como elegir parejas que no van contigo; entender que son estas experiencias las que siempre te llevan a un nivel donde puedes resolverlas, y comprender en distintos filtros y capas los distintos matices del trabajo personal que depura tu conciencia.

Recuerda que vienes a aprender algo en tu misión y a cumplir esta. En tu camino, en cualquier misión encontrarás los matices del Amor, en particular del Amor incondicional y el Amor compasivo.

Estos dos son la base de los demás que generarán en tu experiencia de vida el gozo y otros estados más elevados y ricos en su expresión hacia un despertar hermoso para ti y todos los seres. Por lo general, cuando alguien es muy duro en sus juicios, lo es consigo mismo creyendo que así tendrá el control del resultado de sus experiencias; pero en realidad las bloquea. No te regañes, reconoce que haces un esfuerzo en tu camino como alma viajera y valerosa hacia la superación de experiencias.

Y exclusivamente en ese momento, de cierta situación, verás que las decisiones que tomas son las correctas y son estas las que forjan el futuro cercano.

Si te tratas con compasión y comprendes tus heridas y tus logros, verás que cuentas con evidencia suficiente de ser un Ser de luz, el cual siente, ama y camina sobre una línea de vida semidefinida según tus decisiones y acuerdos anteriores hacia un despertar.

Cuando tienes pequeños o grandes despertares siempre hay un cambio en tu filtro o formas de ver las cosas, de ver a las personas y a ti mismo.

Te sientes distinto y a veces extraño, pero pasará un tiempo en el que encontrarás otra estructura más fina que te ayudará a pasar al siguiente escalón de tu crecimiento hasta que respires sin tanto sofocamiento y generes realidades más amables y sanas, siendo esto lo mejor de ti.

La amabilidad es un don que surge cuando ves en los demás una hermandad y una característica del Amor incondicional. Esta amabilidad lleva una enseñanza explícita en su forma de crear y manifestar el Amor más puro. Este Amor puro está conectado con una esencia más realista, ya que viene de tu Ser Superior y así, llegas a la meta final del Ser de realizar, amar y expandir ese Amor en empatía y en unidad.

Meditación para alcanzar el Amor compasivo

Recuerda que este matiz viene de la profundidad del Amor personal, por lo que el trabajo de las prácticas es progresivo.

Es mejor hacerlas en el orden presentado en el libro.

a) El inicio. Prende tu vela y abre un espacio sagrado. De igual forma, antes de iniciar esta meditación, llama al maestro Volutier y a mí (como Shanya), así como a tus guías, para ayudarte a trabajar tu sanación. De preferencia, prende una vela blanca para todas las prácticas.

b) Tu postura. Como en todas las meditaciones, siéntate en una postura cómoda, ya sea en una silla o encima de un cojín donde tu cadera quede arriba de tus rodillas y tu espalda, derecha. Apaga radio, televisión o teléfonos que puedan distraerte.

Cierra los ojos; si no te gusta cerrarlos, déjalos semiabiertos, con la mirada relajada, y céntrate en tu respiración. Pon atención a cómo entra y sale el aire. Coloca tus manos en tus muslos con las palmas hacia arriba para que tu pecho se abra, o busca dónde ponerlas de una manera que te permita sentirte cómodo.

c) Práctica. Observa con tu corazón el centro de tu pecho. Verás un aro dorado que muy probablemente esté apagado. Pide a los maestros "Que sea prendido el aro del Amor compasivo y, por consiguiente, mi verdad interna hacia todo el Universo". Siente solamente el centro de tu pecho durante cerca de 30 minutos. Tal vez veas o sientas distintas cosas, como símbolos, calor o frío, pero se ajustarán hasta sentir una agradable sensación en tu interior.

d) Duración y culminación. Realiza esta práctica durante un mes y se fortalecerá paulatinamente, junto con las demás. Recuerda que esta y las demás prácticas te ayudarán a comenzar un camino de desprendimiento de las fantasías internas de lo que crees que es el Amor y de tus heridas, para así llegar al origen de un inicio sorprendente de ti mismo.

Termina dando gracias y bendiciendo quién eres.

Apaga tu vela.

Incondicional significa que no condiciones lo que recibes o das en forma libre. Y el Amor sin condiciones, es el Amor más puro que está siempre en el interior de todo el Universo y todos los seres de este. Mas ¿qué ocurre cuando se le condiciona? De entrada, no es Amor. Por más que te digan que es por tu bien, si no hay respeto, libertad de opinión, elección o amabilidad, no es Amor. Y el incondicional habla de que está siempre disponible en cualquier momento –sin importar si te caíste, si te equivocaste, si dijiste algo ofensivo–, está más allá de lo que puedes ver en apariencia normal en una persona; tiene que ver con el Amor de un alma hacia otra, ya sea un mineral, una planta, un árbol o un ser humano.

Si recuerdas alguna situación en la que te apoyabas en el hombro de alguien o este te compartía su techo, fuiste acogido por alguien con Amor incondicional y compasión. Este Amor incondicional sabe que, por más que un Ser caiga en lo más bajo de frecuencia, mate, cometa desmanes, abuse, encierre o destroce, es un ser en evolución que necesita estar ahí para crecer y llegar a darse cuenta de que ese no es el camino adecuado y necesita redireccionar su intención hacia el Amor.

El ser humano tiene la misión de reencontrar el único camino de regreso a su espíritu, y es precisamente el de vivir las experiencias de su existencia en este planeta. Digamos que eliges parejas que son abusivas y, con tal de que no te dejen o abandonen, permites los abusos. Estos abusos son siempre muestra de la atención y creación de tu inconsciente. Las enseñanzas que esas elecciones de lo que quieres vivir y resolver te dan cuando por fin las resuelves, se sumarán a otras más que elevarán tu conciencia de una forma pura y expandida.

Este planeta se considera como uno de los retos más grandes para cualquier alma que desee hacer crecer su conciencia eligiendo vivir experiencias drásticas e incluso enfermedades. La enriquecedora sabiduría que se eleva en ese Ser o Alma hace que las almas decidan venir y vivir situaciones que tendrán que solucionar, entrando en un mundo de dualidad para saberse en la totalidad del Universo en algún momento, y llegar junto con los demás a reunirse en la luz de toda expansión cósmica y universal.

Este Amor incondicional es el que te habla de expandir tu Amor hacia otros en lugar de tomarlo, de tal forma que cuando toda la humanidad lo haga se acelerarán los procesos de evolución de todos de forma sorprendente y halagadoramente simple.

Amar incondicionalmente te hace ser parte de todo y de todos: piedras, plantas, árboles, seres humanos y seres del Universo. Todo está en su perfección y cada quien ocupa el rol y el lugar que elige y merece, según su destino. Al interrelacionarse con los demás en su red de realidad, emerge una conciencia universal que tendrá en algún momento el lugar número uno en el pensamiento de todos los seres. Por eso es este Amor que comprende tal perfección, el que sopesa y mira la verdad de todos como la del Universo.

Nuestra universalidad nos lleva a relacionarnos con mayor profundidad de lo que creemos que somos o con quién estamos. Tu realidad se compone de la rutina diaria, tus amigos, tu trabajo, tu jefe, tus parientes, tu pareja y las actividades relacionadas con ellos. No entiendes el contexto de todo lo que hay más allá en una conciencia colectiva.

Esta conciencia colectiva es la que te muestra y conecta con todo comprendiendo lo que tú eres al ser parte de ese todo (Dios).

Así, en un determinado momento, tú ya no existes como tú, sino que te ves como integrado al todo y no hay conflictos, puesto que la energía emerge y se fusiona creando nuevas realidades.

La incondicionalidad proviene de comprender que todos los seres del Universo y las energías se dirigen a una misión y son parte del todo. Desde ahí puedes conectarte con tu incondicionalidad para agradecer cualquier experiencia, empezando a ser incondicional contigo y compasivo con los demás.

a) El inicio. Prende tu vela y abre un espacio sagrado. De igual forma, antes de iniciar esta meditación, llama al maestro Volutier y a mí (como Shanya), así como a tus guías, para ayudarte a trabajar tu sanación. De preferencia, prende una vela blanca para todas las prácticas.

b) Tu postura. Como en casi todas las meditaciones, siéntate en una postura cómoda, ya sea en una silla o encima de un cojín donde tu cadera quede arriba de tus rodillas y tu espalda, derecha. Apaga radio, televisión o teléfonos que puedan distraerte.

Cierra los ojos; si no te gusta cerrarlos, déjalos semiabiertos, con la mirada relajada, y céntrate en tu respiración. Pon atención a cómo entra y sale el aire. Coloca tus manos en tus muslos con las palmas hacia arriba para que tu pecho se abra, o busca dónde ponerlas de una manera que te permita sentirte cómodo.

c) La práctica. Centrado en tu respiración, siente tu aro dorado en tu pecho; ahora, observa tu inhalación y haz brillar tu aro interno. En la exhalación, engrandécela hasta el tamaño de tus hombros y di: "Maestros, pido su Amor y su gracia para que me conduzcan al Amor incondicional, depurando las dudas internas de mí mismo".

Mantén este trabajo 10 minutos inhalando, haciendo brillar tu aro y exhalando, expandiéndolo.

d) Duración y culminación. Haz la práctica durante dos meses por lo menos. Termina dando gracias y bendiciendo quién eres.

Apaga tu vela.

El Amor interior nos habla exactamente de lo que es dentro. Te habrán dicho ya varias veces –o tal vez no–, que necesitas amarte a ti mismo primero que a otros, ya que el que no tiene Amor interior no mira lo que es.

Pero si regresamos al principio de este libro verás que el Amor interior siempre existe y es la base de todos los matices del Amor.

Este estado es primordial en todo ser humano; es parte de su relación con su alma, su espíritu y su misión. Cuando este matiz está muy obsesionado con lo que no es, se ve reflejado en otros con amargura.

A veces puedes llegar a pensar o sentir que este Amor no existe en ti, que solo podrás estar en esta familia a la que te tocó pertenecer, que no hay salida a tu situación y lo que se presenta.

Con ese rol, esos padres o ese eterno sufrimiento interno en el que te dices que no vale la pena amar o nunca tendrás un lugar en el mundo lo bastante bueno o válido para nadie. Pero puedo afirmar con seguridad que la unidad de donde vienes, es decir, la fuente principal del Universo, te creó con su esencia y es esta relación divina o cósmica la que conservas intacta en ti siempre.

Los filtros o definiciones que aprendemos crean velos sobre tus percepciones, empezando por ti. Este tipo de matiz es de los que pueden causar impactos más profundos en tu vida, es donde todo comienza y donde todo termina; así, cuando mueras te llevarás en tu conciencia únicamente eso, el Amor incondicional, el Amor interior, los sabores amorosos de tus encuentros, tus experiencias de vida y tus relaciones. Pero, sobre todo, ese gran sabor eterno de ti mismo y de lo que hiciste en esta vida y en esta realidad.

Sabrás que no vienes a rendir cuentas, pero sí a reconocer contigo, con tus guías y con el Universo, si esta prueba que solicitaste pasar para crear sabiduría y experiencia en tu alma fue grandiosa o apenas viste un poco de tu luminosidad.

Esa es la gran brecha, esa es la oportunidad que tienes frente a ti de amarte por encima de todas las cosas, de aconsejarte siempre desde un lugar neutro de sostén sobre tu luz y tu camino, sabiendo y reconociendo que todo tendrá un lugar y un momento en tu vida. Aun si te invade el miedo, confía en tu interior y aun si te encuentras en la gran verdad de tu reconocimiento como Ser de luz, recuerda todo lo que has vivido para poder serlo y manifestarlo en todo momento contigo y con los demás.

En ese Amor o estado de perfección, lograrás volver a sentir –si te acompañas siempre, en todo momento–, cuando te reflejes en los demás y en tu vida diaria.

Algunas personas tienen dudas constantes sobre el Amor, y sobre si Dios ha estado presente o no en su camino. Hablas de cómo Dios puede ser capaz de odiarte para mandarte tanto sufrimiento, pero recuerda que este mundo, ubicado dentro de este Universo y conectado con la fuente de todo lo que es, tiene un plan divino para todos en todos lados.

No es exclusivamente tu individualidad la que se ve reflejada en este momento y en todos los momentos, sino también la universalidad de los pensamientos y sentimientos colectivos, que con otros mundos y otras misiones llegan a ser perfectos y a invitarte a verte como parte de todo esto.

Mientras no lo hagas, o no lo reconozcas, seguirás siendo solo tú en un intento muy reducido de lo que en verdad tienes a tu alcance, como tu don de palabra, de sanación, de creatividad, de crear abundancia, de amar, de soltar, de liberar, de transformar, de viajar, de soñar, de moverte en las aguas y en los elementos, de ser feliz y mostrar a otros cómo ser feliz.

¿En verdad no lo crees? Después de lo que te he dicho, ¿no lo crees como algo real en ti? Pienso que sí.

Un ser de luz viene a cambiar su realidad manifestando un camino de Amor y lealtad hacia la fuente de todo lo que lo creó. Sintiendo esta conexión que ahora tienes al escuchar estas palabras, te invito a cerrar tus ojos, dejar de pensar en cualquier cosa, abrir tu corazón y recibir estas bendiciones para que el Amor fluya desde los orígenes de la verdad de tu Ser, llegue así a lo que eres y serás ya en ese camino tan hermoso y propio, permeando y dando a los demás todo el Amor que te sobre, el cual será mucho cuando te veas y reconozcas.

Meditación para alcanzar el Amor interior

El Amor interior o interno es la unidad y sanación de las heridas de la infancia que dará lugar a la certeza de que eres suficientemente bueno para el mundo y para ti. No pienses en si es verdad o no. Esta meditación ayudará a abrir tu corazón y comenzar a sanar.

a) El inicio. Prende tu vela y abre un espacio sagrado. De igual forma, antes de iniciar esta meditación, llama al maestro Volutier y a mí (como Shanya), así como a tus guías, para ayudarte a trabajar tu sanación. De preferencia, prende una vela blanca para todas las prácticas.

b) Tu postura. Como en casi todas las meditaciones, siéntate en una postura cómoda, ya sea en una silla o encima de un cojín donde tu cadera quede arriba de tus rodillas y tu espalda, derecha. Apaga radio, televisión o teléfonos que puedan distraerte.

Cierra los ojos; si no te gusta cerrarlos, déjalos semiabiertos, con la mirada relajada, y céntrate en tu respiración. Pon atención a cómo entra y sale el aire. Coloca tus manos en tus muslos con las palmas hacia arriba para que tu pecho se abra, o busca dónde ponerlas de una manera que te permita sentirte cómodo.

c) La práctica. Céntrate en tu respirar y siente cómo tus guías abrazan todo tu Ser. Prende tu aro, expándelo y pide que sostengamos este proceso para ti.

Mira ahora a tu niño interior que camina hacia ti, se sienta enfrente igual que tú, con las manos en las rodillas, sonriendo. Sonríele tú también. Toma su mano y dile: "Te amo. Ahora es momento de dejar el pasado y continuar juntos en esta aventura. Los miedos son sanados ya y con la fuerza de mi Ser, te llevo a la alegría y al placer sin cuestionamientos y sin duda alguna, porque la gracia está aquí con nosotros. Que surja el Amor interior ahora, siéntelo y disfrútalo que yo lo hago ya".

Recibe este Amor que se desarrolla y madura momento a momento. Visualiza un paisaje que te guste.

d) Duración y culminación. Haz la práctica durante media hora. Llévala a cabo durante dos meses y puedes hacerla igualmente cuando necesites darle Amor a tu niño interior.

Termina dando gracias y bendiciendo quién eres.

Apaga tu vela.

MATIZ DIVINO

El Amor divino hace referencia al Amor que una persona mantiene con Dios. La divinidad como tal crea unidad, debido a que es su componente principal. Ver o sentir a Dios en su unidad máxima, la cual está presente todo el tiempo, representa sentir eso mismo en ti.

Tú eres esa máxima expresión de la perfección de la vida en tu realización como Ser de luz, y la culminación de tu verdadera misión (la divinidad solo quiere que te encuentres y realices con todos sus dones). Como consecuencia empiezas a vivir con mayor facilidad, a fluir y manifestar lo ideal en tu vida, en tus relaciones, tus propósitos y tus proyectos. A continuación revisaremos estos dones y cualidades de Dios.

VISIÓN Y ENTENDIMIENTO MULTIDIMENSIONALES

Estos se reflejan en tu conciencia de forma automática cuando actúas con sabiduría y conocimientos que antes no tenías sobre la vida, las personas y el Cosmos. Uno de estos conocimientos se relaciona con cómo funcionan las cosas y hacia dónde van.

La visión se desarrolla según se despierten ciertas áreas de tu consciente y se depure la conexión de tu ser con el Universo para que la visión sea certera y amorosa. Hay personas que ven con su sexto chakra, pero la visión es neurótica y su apreciación, muy reducida.

Asimismo, la dimensionalidad no siempre es un tema fácil de comprender. Verte en otra dimensión, en otro lugar, pero en un mismo mundo, en distintas realidades, puede ser confuso. Las dimensiones son sitios no físicos a los cuales tienes acceso según tu evolución espiritual y un ser con su cuerpo sutil puede moverse como más lo necesite e ir a buscar información, visitar a un amigo o realizar una sanación e intercambio de mensajes entre seres. No obstante, este don, que es parte de cualquier ser humano, se desarrolla y se abre al Ser cuando este ya puede comprenderse a sí mismo desde diferentes lugares y sentidos.

De igual manera, se tiene la facultad de estar en múltiples dimensiones a la vez; es decir, puedes estar en esta dimensión (la tercera) y al mismo tiempo visitar a alguien, acudir a un templo sagrado en la sexta dimensión o con los ángeles en la quinta dimensión. Cuanto más depurado se esté, se podrá acceder a frecuencias más altas; en tanto uno no se depure, chocará con las frecuencias altas y ni siquiera tendrá pensamientos afectivos o generosos ni podrá moverse en distintas dimensiones al mismo tiempo.

Autoridad espiritual y omnipresencia

Todo ser tiene facultades omnipresentes según su evolución y conexión con el Creador, lo que lo lleva a expandirse liberando los bloqueos que no le permiten alcanzar su pleno potencial. Y cuando este se alcanza, comienza a sentir su cuerpo astral y su conciencia como si estuviera en todos lados accediendo a información de manera simultánea en todo momento. Eso se llama "omnipresencia". Y como todo aquel en proceso de evolución, vienes a recordar que eres un ser de luz y que tienes la autoridad espiritual para sanar y dar Amor. Pero muchas veces no lo recuerdas, entre otras cosas porque has dado tu poder a otras personas.

Es el Amor divino el que te empuja a ver las ofensas y pruebas que has vivido para llevarte a un despertar en el que recuperarás tu poder, tu autoridad y tu omnipresencia.

Gracia celestial

La gracia es la cualidad de Dios que este vierte sobre un ser humano, un lugar o cosa de su creación. Es una forma de energía que llega cuando se genera una conexión entre tú y Dios. Esa conexión es parte de todos y debe reestructurarse para que el flujo de energía divina sea congruente y los designios de tu alma, en acuerdo con la energía suprema, te dirijan hacia donde mejor sabes estar y ser.

¿Por qué Dios te da esta gracia? Únicamente la recibes si crees en Él. Creer en Él es creer en ti, lo que refuerza la manifestación de que tú eres el mismo Dios, el mismo Universo y todos sus componentes.

El Universo está hecho con la finalidad de crear realización y transformación continua todo el tiempo en todas las dimensiones y en todos los seres. Así, como un egrégor, un alma colectiva, viviente, en algún momento de su desarrollo el mismo Universo tendrá un despertar en todas las energías y humanidades dentro de este al mismo tiempo. Esto se logrará si la gracia de Dios está ahí siempre, contigo en todo momento, y con todos, en todos los mundos... Así, la luz regresará a su inicio. A la nada y al nuevo despertar de un Universo distinto, renovado y más generoso.

Las humanidades se trasladan a los mundos a aprender cómo subsistir, elevar frecuencias como grupo y sintonizarse en el Amor, que es la frecuencia más alta de todo el Universo. Esa manifestación o vibración del Universo es el Amor y solo este elevará tu vida a su máxima realización; no irás a otro lado más que a recuperarte de las experiencias de la vida que han creado una distorsión de lo que tú eres.

Así, cuando el Amor es regenerado y recuperas la energía divina en ti, siendo ese el fruto de tu crecimiento, podrá sostener el crecimiento de otros (como tus hijos, hermanos o alguien que esté en condiciones iguales a las tuyas, caminando en búsqueda de sí mismo y su evolución hacia un despertar más luminoso y engrandecedor).

Se habla mucho de personas despiertas que dan servicio, y dar servicio implica entregar algo de tu tiempo, tu persona y tu Amor. Lo que ofrezcas a los demás será esa apertura que permitirá que tu corazón sea el que hable y no tu mente. Cuando eso suceda, te expresarás sobre la gota de luz que despierta en tu vida y tu conciencia. Esta gota de Amor renace y se carga de compasión al ver tu propio camino y se enciende llevando su renacer hacia tus neuronas, tus órganos, tu sangre y el resto de tu cuerpo, lo que cambia poco a poco su frecuencia y genera un cambio de ADN en su estructura.

La energía divina y amorosa sostiene esta manifestación que será más avanzada cuando esta gota se prenda, ya que desencadenará una programación en tu memoria que almacena lo trabajado por ti con esta cualidad durante muchas vidas. Se hacen ajustes y regresa ese trabajo previo que se acumula en tu sapiencia; es tu sabiduría y tu percepción de ti mismo, que por fin llega en alguna vida tuya a equilibrarse y crear una existencia muy amena y armónica, llena de cosas mágicas y milagros, para terminar en la iluminación o liberación.

Café y Jesús

Cuando escribí (yo, Shanya) esta sección, estaba en provincia festejando el cumpleaños de mi hija y desde que llegué, el envase del café llegó abierto. No presté mucha atención hasta que empecé a escribir esta parte de los matices del Amor y, en especial, a hablar del matiz divino.

Tiré el café sin darme cuenta y mirándolo sentí que algo quería decirme. Entonces, pregunté a mi maestro:

—Volutier, ¿hay algo aquí, verdad?

—Sí, ¿qué ves? —respondió.

—No logro saber —le dije.

Cerré los ojos, moví el café... lo que pude ver fue la cara de Jesús.

—Ahora entiendo, quieres que hablemos de él. ¡Claro!

Así es que puedo contarte cómo es que Jesús llegó a mi vida, aunque sé que desde niña lo tengo muy presente, a pesar de no ser muy creyente en la Iglesia católica.

Cuando tuve mi crisis de fe a los 32 años, casada, fui a una congregación cristiana y decidí comenzar a leer la Biblia gracias a la invitación de mi amiga Yazmín. Después de unos meses quedé embarazada de mi hija Valeria y me bauticé embarazada. Justo a las 38 semanas de embarazo, la fuente se rompió; fui al hospital pero, pasadas 22 horas, no había dilatado más de dos centímetros. Todo terminó en una cesárea. Al terminar la intervención, estaba molida. Todo me dolía, no podía creer que era madre, que finamente la niña estaba siendo ella misma con su voz y su cuerpo, ya con un alma, con una misión muy generosa.

Después de la recuperación me pasaron a mi cuarto, y mientras descansaba, oré: "Señor, esto es demasiado para mí. No entiendo mi capacidad de ser madre y esto es tan grande, que me sobrepasa; por favor sáname, ayúdame a comprender por qué y para qué estoy aquí". A manera de respuesta, vi crecer una luz enorme arriba de mí, vi salir mi cuerpo astral e ir hacia la luz. No podía creerlo, veía a mi ex marido y pensaba, ¿cómo es que no despierta? ¡El cuarto se prendió! Comencé a sentir la gracia, la bendición, de Dios, bajé y la luz desapareció. Lloré por una hora hasta que me quedé dormida reconociendo ahí el inicio de mi línea de vida espiritual.

Al preguntarle al Señor ahora, me dice que él me mostró mi futuro y el de mi hija. Ser madre era el mejor regalo porque yo tenía que ser fuerte para la misión que iba a comenzar y a llevar a cabo hablando en su nombre y en el de su hijo Jesús. Como en ese tiempo todavía no me daba cuenta de las voces que canalizaba, puedo decirte que desde niña ya tenía una conexión, pero mis creencias y huellas sobrepasaban mi percepción de que mi grandeza es igual a la tuya. Mi alma venía con la intención de no repetir el patrón de abandonar a mis hijos como en otras vidas lo hice, por lo que elegí ser mujer y madre.

Pasados unos años, tuve una lucha con la oscuridad, una prueba de vida fuerte que me llevó a solicitar ayuda a Cristo. En un Recinto encontré una figura de dos metros con el Sagrado Corazón resaltado. Hablaba con él y lloraba con él pidiendo su amor hasta que pasó la prueba. Un día hablé con el Universo: "Señor, siento el Amor, pero me siento vacía, no sé cómo integrar esto, ya no siento mi estructura, no sé quién soy, no sé cómo o qué hacer con el Amor... ¿cómo lo hago crecer?" Y escuché su voz: "El Amor es parte de toda creación mía, siéntela en todas partes, en ti, en el otro, en tus hijos, en tus animales, en las tragedias, en las tristezas. Está en todos lados y en la forma como tú ves lo que creas y recibes. Pero deja que mi hijo Jesús te demuestre lo que es el Amor". Bajó una energía muy grande y amorosa, en paz. Se sentó frente a mí y comenzó a hablar:

El Amor es una cualidad de ti misma, tú eres parte del Creador, tú eres lo más grande que existe y es tu misión hablar en mi nombre y en nombre del Amor. Voy a prender tu corazón, para que este demuestre toda su expansión, te conecte conmigo y puedas sentir, sanar y dar Amor puro, Amor real.

Acto seguido puso su mano en mi corazón y sentí cómo de este salían rayos, una leve vibración y movimiento.

Ahora, visualiza cómo se prende y esa llama color naranja, llévala, hazla crecer, que cubra todo tu cuerpo y tu aura. Siempre que la actives yo estaré aquí contigo meditando y mostrándote lo que es el Amor en sueños, en protección, en liberación de lo que ya no te sirve, en sentimiento, en tu mente hacia pensamientos plenos, en tu alma hacia tu despertar.

Diez minutos después hice un ritual para empezar las actividades de mi escuela, dando iniciaciones de sanación a un grupo que había asistido a esta inauguración. Al recibir la iniciación de Munay ki (de los chamanes queros de Perú), Kanyali, una de mis queridas alumnas, vio al Maestro Jesús detrás de mí y por su rostro rodaron las lágrimas. De este modo supe que todo estaría muy bien y que las manifestaciones comenzarían muy pronto. En la noche medité de nuevo y sentí que él meditaba conmigo, volví a hacer lo mismo hasta que un calor muy fuerte me invadió y ¡lo vi! Mi corazón se incendió y la llama creció hasta verme del tamaño del Universo; entonces, una paz inmensa salió y se distribuyó en mi casa hacia todos lados.

Recordé que unos años antes hice guruyoga (práctica de expansión y liberación), precisamente con el Maestro Jesús, y vi que por fin daba frutos, por lo que me sentí muy contenta.

En ese momento me dijo:

Observa lo que voy a hacer para que tú lo hagas con los demás y prendas estos corazones; ya es hora de llegar a las personas y a los corazones sedientos de despertar. Hoy encenderás el Sagrado Corazón si la persona está dispuesta a recibir esta iniciación de Amor y gracia.

Jesús fue un avatar enviado con una finalidad única: mostrar el Amor de su Padre. Dios ha mandado muchos hombres y maestros a todo el mundo; algunos se han iluminado, otros se han liberado y otros han regresado en reencarnaciones para seguir enseñando. Jesús quiso crear milagros, crear enseñanza, crear un linaje para mostrar las cualidades y caminos hacia la liberación de todos los seres sintientes.

Este camino se recorre a través del Amor, a través de la comprensión de por qué el hombre se apega a los vicios, a las drogas, a las palabras incorrectas, a la avaricia, a las mentiras, al asesinato, y no a su finalidad primaria que es ser luz.

En el camino recorrido de pueblo en pueblo, en la época de Jesús, el ejemplo y el correcto sentido del Ser, con todas sus cualidades, serían la única ruta hacia la resurrección de todos.

Ya están los tiempos donde esto es posible; donde si entiendes cuál es tu camino y cómo recorrerlo tendrás siempre la verdad y la pureza de ti mismo y tu relación con la energía divina, la del Padre, quien te sostiene todo el tiempo. Jesús entendió la conexión del corazón puro con la energía del Cosmos y necesitaba permear eso, expandirlo y mostrarlo, dar la Palabra para que dejara un legado y un ejemplo digno de todo ser humano que años más adelante fuera algo indispensable para cualquier ser.

Él tuvo una vida de realización, donde vivió también momentos de iniciación para Él, sus discípulos y la gente que lo seguía.

Pero fueron su energía y su decisión dirigidas por Dios, las que pasaron por pruebas para mostrar el Amor compasivo, y distintos matices de Amor que la persona pudiera aspirar a ser.

A veces los humanos no saben cómo realizarse en el Amor. Sus heridas pueden ser tantas o tan fuertes que el Amor interno no despertará a menos que confíen en su fe y suelten su vida hacia el camino de la luz y el entendimiento del Universo como fuente de Amor. Esta oportunidad que tienes hoy, se ha manifestado en las personas que poseen un corazón abierto y dispuesto a cumplir con su misión de compartir la activación. Así será un poco más fácil conectar con el Amor divino y el Amor de Dios, el cual es tu Amor ya que, aunque no lo recuerdes, este libro está aquí presente haciendo la conexión contigo, con tus guías y con el Universo.

Tenlo presente: el Amor está siempre ahí. Las ayudas de los maestros, Jesús y Dios siempre están a tu disposición para darte claridad en tus procesos y sostenerlos por medio de su gracia y el crecimiento de tu fe.

Cree en Ti.

Meditación del Sagrado Corazón de Jesús

a) El inicio. Prende tu vela y abre un espacio sagrado. De igual forma, antes de iniciar esta meditación, llama al maestro Volutier y a mí (como Shanya), así como a tus guías, para ayudarte a trabajar tu sanación. De preferencia, prende una vela blanca para todas las prácticas.

B) TU POSTURA. Como en casi todas las meditaciones, siéntate en una postura cómoda, ya sea en una silla o encima de un cojín donde tu cadera quede arriba de tus rodillas y tu espalda, derecha. Apaga radio, televisión o teléfonos que puedan distraerte.

Cierra los ojos; si no te gusta cerrarlos, déjalos semiabiertos, con la mirada relajada, y céntrate en tu respiración. Pon atención a cómo entra y sale el aire. Coloca tus manos en tus muslos con las palmas hacia arriba para que tu pecho se abra, o busca dónde ponerlas de una manera que te permita sentirte cómodo.

C) LA PRÁCTICA. Regálate un minuto y pide la presencia de Jesús. Él se pondrá enfrente de ti y dile: "Maestro Jesús, humildemente te pido que prendas mi llama sagrada en mi corazón". Sentirás en algún momento en tu corazón como calor o cosquilleos, esto puede pasar pronto o en algunos días.

Quédate ahí, en silencio, 10 minutos, media hora o el tiempo que puedas. Siente a plenitud el Amor de esta práctica.

- Inhala: haz crecer en tu imaginación tu llama sagrada desde tu corazón, hasta que te cubra por completo; es una llama de color naranja intenso con un ligero tono blanco.
- Exhala: haz crecer más tu llama sagrada.

En tus próximas prácticas llama al Maestro Jesús, prende tu llama sagrada, y haz las respiraciones. En cualquier momento puedes hablar con Él. No temas, Jesús quiere que le dejes tus preocupaciones, tus proyectos y tu felicidad. Promete cuidarte y cuidar tu casa; pon en ella una imagen de Jesús con la llama sagrada en su corazón y estará ahí en tu hogar, acompañándote, prometiendo venir por ti cuando mueras y darte consuelo, Amor eterno y divino.

Durante unos minutos di este mantra en tu mente fijando la atención en tu chispa divina:

SoHam, Sore Ham Yeshua
SoHam Sheha, Yeshua SoHam.
(Soy el grande, Yeshua, Yo Soy Él quien es Amor, Yeshua)

Pide que te cuide mientras duermes. Esta conexión te dará fuerza y dirigirá tu vida con su gracia. Ayuda a eliminar la depresión, el insomnio, la ansiedad, las adicciones; otorga protección y Amor.

D) DURACIÓN Y CULMINACIÓN. Es necesario realizar esta práctica por un mínimo de tres meses para que dé frutos, para que quede prendida la llama y veas surgir el Amor en ti. Dale siempre las gracias por estar en tu vida, Él estará muy contento.

Termina dando gracias y bendiciendo quién eres.

Apaga tu vela.

El ser humano es de una grandeza profunda y viene a este mundo a trascender y renovarse. En cuanto a la manifestación del Amor, tú puedes revisar en tu interior si eres un ser con intenciones de amar en pareja o amarte a ti mismo, sin la dualidad que ello pareciera implicar, y observar si estás destinado a vivir una mentira o un dolor con las parejas que tengas a lo largo de tu vida (deseando a alguien diferente hasta que llegue el bueno, el ideal para ti).

Estas relaciones, al igual que las demás relaciones familiares o externas, se mantienen como intercambios de emociones, energías y presencias; sin embargo, tú sigues siendo tú, sin que el hecho de tener una pareja tenga tanta importancia.

En sí, las relaciones de pareja se basan en dos necesidades:

- La necesidad física de cocrear un nuevo Ser y formar una familia por medio de esa relación de pareja.
- La necesidad sexual de relacionarte con alguien para realizar un intercambio energético y experimentar el camino de manifestación del Amor hacia esa persona, con retribución de energía hacia ti mismo o desfogue de esta.

Ambas necesidades son parte del ser humano desde su inicio primitivo y se deben al deseo aparente de conservación del clan. Hoy queremos invitarte a ver más allá: la relación contigo mismo sin una pareja.

Como platicamos, la relación y el Amor de pareja resultan complicados.

El ser humano es simple por naturaleza si su corazón es puro, pero cuando en él entran en juego la mente y las creencias, se genera una mezcla de sensaciones confusas sobre las relaciones. La complejidad es creada desde la mente, dando lugar a infinitas expectativas (muchas de ellas irreales) de resultados a menudo imposibles de obtener, debido, entre otras cosas, a que se intenta sustituir, en las relaciones adultas, las carencias de Amor de la infancia. Estas proyecciones y ausencias deforman la realidad y lo que se crea.

Es importante que consideres que eres perfectamente capaz de tener o sostener una relación amorosa con otra persona, pero también que te detengas a preguntarte ¿qué quieres? ¿Un papá? ¿Una pareja? ¿Alguien que te mantenga? ¿Alguien que tolere tus gritos o tus maneras de ser? Si asocias estas preguntas con lo que en algún momento seguramente has manifestado en tu inconsciente con parejas con este tipo de personalidad o, por el contrario, con parejas con quienes tú eres quien se somete o aguanta, esa no es la realidad en tu vida. Una pareja no tiene que tener un efecto en ti.

Nadie está obligado a darte algo. Recuerda que, como Ser de luz, tú vienes a transformarte y al hacerlo, salpicas lo que te rodea con tus cambios y eventualidades. Sin embargo, es la responsabilidad de esa misión personal la que se interrelaciona con los demás. La relación de pareja se basa en un acuerdo, como los acuerdos de negocios con otras personas y los intercambios monetarios o de tiempo o en especie. La diferencia es que la relación amorosa es más profunda y ayuda a tu completitud de forma más significativa.

En una relación de pareja convives más, tienes intercambios sexuales y afectivos, creas una definición más fuerte para ti e incluso llegas a considerar a tu pareja como de tu propiedad, sobre todo si hubo algún ritual de por medio, como una boda religiosa o bendición donde se generan promesas y ataduras desde y hasta otras vidas.

Pero, ¿crees que para ser feliz es suficiente tener una pareja con la que más o menos te va bien? Las parejas, lo mismo que tus hijos y demás familiares, te acompañan en tu camino personal, pero eso no implica que pierdas de vista la visión de la vida que quieres para ti. No se trata de ser egoísta y no pensar en los demás; inclúyelos en tu vida, por supuesto, pero no permitas que influyan en tu misión.

Eres tú quien da por sentado lo que eres y el Amor de pareja es algo de lo que puedes prescindir si logras sentirte pleno en tu conciencia individual.

Muchas personas son felices sin pareja, y los amigos o la familia son quienes caminan con ellos. Estas personas, en su verdadera expresión, sí llegan a su realización e incluso pueden no interesarse en la sexualidad cuando los niveles de profundidad y los matices del Amor se sienten, imprimen y ven desde una conciencia más elevada. Así, estos estados de gozo, salud, abundancia, se manifiestan por sí mismos, siendo la divinidad el foco de atención para reanudarse en la vida cotidiana que lleva a la voluntad a la creación máxima.

Algunas personas aparentemente están solas por su propia decisión, pero critican a las que tienen pareja y buenas relaciones.

Ahí se observa la falta de alineación con la existencia pura o la vocación del ser por definiciones o amarguras convertidas más bien en defensas ante vivencias y decisiones anteriores no integradas ni sanadas que impiden realizar el Amor de pareja.

Las relaciones de pareja son y serán un indicio muy claro de en qué punto de tu evolución te encuentras, porque tus afectos y tus manifestaciones de vida van de la mano.

Cuando tu alma desea en su interior tener una experiencia de pareja que le dé vida, aunque pueda terminar en un tono no muy agradable, o con un corazón roto, esa experiencia es la que te abrirá las puertas a seguir en el mundo aprendiendo lo infinito del Amor; tu Ser infinito, muestra de tu realidad cuando te sientes a través del otro. Sí, la pareja viene a reflejarte y a aprender contigo; y si ya aprendiste la lección, la amistad puede ser un medio encantador para continuar con esa persona.

La relación que tengas ahora, aunque sea solo contigo, es una relación en la que, de alguna forma, te involucraste por decisión propia, y los acuerdos entre almas, abarcan incluso otras vidas que continúan. Por eso, te recuerdo que las promesas entre amantes y personas te atarán de forma energética, física, mental, y a través de las dimensiones y los mundos.

¿Acaso crees que lo que ocurre en tu vida, que el que hayas conocido a tu pareja actual o a otra son coincidencias? No es asi, los maestros que llegan a tu vida como parejas o amantes te llevan a distintos lugares para que tú te conozcas mejor.

Es gracias a sus parejas que muchos conocen sus condicionamientos, los que se proyectan en cada frase y convivencia con esta persona, ya sea para intercambiar matices de Amor o ver sus reflejos neuróticos. Ver tu reflejo en tu pareja significa que eso que tanto te molesta de ella es lo que no has resuelto en tu interior. Por ejemplo, si tu pareja fuma y a ti no te agrada que lo haga, y esto provoca constantes pleitos entre ustedes, quizá no entiendas que no puedes cambiar al otro, que probablemente cuando lo conociste sabías que fumaba, que ese vicio que tanto te irrita tiene que ver con algún antecedente tuyo que el tabaco te recuerda.

¿Te das cuenta? No es la persona, sino el evento o la acción que evoca en ti.

Si rememoras cuál es el origen de ese evento, es decir, cuándo fue, con quién, cómo se manejó, qué te sucedió o qué viste, qué decretaste y qué asumiste… es muy posible que decretes soltar e integrar eso que descubriste y que tu visión de la vida mejore.

Las formas del Amor en pareja son infinitas, pero todas te conducen a lo mismo, son personas afines a ti en tu vida caótica o tu vida ordenada y en distintos momentos varían sus manifestaciones porque todo cambia momento a momento.

Independientemente de si quieres formar una familia con hijos, la pareja que tienes es la mejor pareja de esta realidad, en este momento, porque con ella aprendes, te percatas de tus avances y observas que ella, por su parte, intenta también, en su avance personal, realizar su mejor esfuerzo.

Los acontecimientos cambian todo el tiempo y el respeto a estos cambios, cuando las decisiones involucran a otras personas, es lo que permitirá que se desarrolle lo que llamamos vida o camino interno. La vida misma te mostrará los caminos por recorrer, los caminos probables y, con base en tus decisiones, tendrás esta o la otra pareja, así como muchas experiencias en tu vida.

Sin embargo, la repetición de patrones está codificada en tu interior en varios niveles: energético, ancestral y físico.

Es la resonancia interna de tu ser, de tu conciencia, la que será afín o no a esa resonancia. Esto es, si algún ancestro tuyo –tu abuela materna, por ejemplo– tuvo una crisis fuerte que le dejó un abuso terrible recibido de su pareja y esa tristeza se depositó en su corazón, si no fue sanada y tú tienes una resonancia con ella por identificación, es probable que repitas el evento de abuso a menos que ella, o tú, lo resuelvan, y lo mismo ocurre con tus hijos.

Intentar controlar a la pareja o lo que piensa porque es lo que a ti te conviene te traerá problemas y va en contra de muchos matices de Amor; no es el Amor incondicional el que hablaría en ti, sino un condicionamiento o un rencor que domina tus sentimientos y hace que le tires hasta ¡el plato!, en lugar de resolver las cosas con Amor e intención, y buscar un acuerdo o una solución.

Sé que cuesta trabajo entender que la pareja no es de tu propiedad, ni tiene obligación con tu alma de ninguna forma. Es un ser libre y tú eres un ser libre, están ahí por decisión personal, caminan y te acompaña más que nada.

Esperar algo de ella o de él tendrá un efecto muy nocivo en tus relaciones.

La vida es un caminar constante con tu propio ser y tu misión. Es tu red de amigos, la gente con la que te relacionas en el trabajo y la realidad que creas todo el tiempo. Si estás consciente, verás que es el Amor el que te mostrará la forma y el momento para ir a tu esencia. Es siempre el Amor el que guiará tu relación hacia el camino adecuado.

Cuando algo no te guste, pregúntate en un momento de paz si lo que ves en tu pareja es Amor, y si lo que tú le dices o le haces, es Amor.

Muchas veces puedes pensar que sí es Amor porque tú lo das con creces, te entregas al otro de mil maneras, y la acción debe ser recíproca y en la forma esperada. Eso está condicionado, es decir, hay una condición: "solo si tú lo haces de esta forma lo haré yo". La realidad es que cualquier acto o actitud exigidos a una persona, donde no hay libre albedrío ni respeto por lo que el otro siente o quiere, no es Amor. Es codependencia que penetra en tu mente, domina y crea una realidad que no siempre es la esperada.

Pero, ¿qué sucede si dejas a ese otro ser, expresarse y decidir contigo? Muy probablemente tendrás más éxito o posibilidad de realizarte de esta forma. Alguien que es intransigente, no te respeta, no te permite ser y te castra en tu expresión, ya sea física, mental o emocional, no te da Amor y, puesto que no podrás cambiarle, limítate a aprender qué haces ahí y qué necesitas sanar. Eso implica que te hagas responsable de lo que sientes por ti, y si es Amor, respeto y coherencia, no estarás más con esa persona, no requerirás mucho para entenderla, soltarla y continuar con tu vida.

Es sano bendecir las relaciones que terminan y agradecer la lección aprendida. Entonces, será conveniente pedir perdón por lo que se expresó en su intercambio que no haya estado alineado al Amor. Esto liberará los procesos aprendidos y no estarás atado a resentimientos absurdos por falta de Amor y claridad.

Si bien la fidelidad es un tema difícil para algunas personas, es interesante aclarar cuál es el sentir de un ser humano desde la perspectiva del alma. Al decir que "todo es perfecto", se hace referencia a que hay una razón para que todo suceda, así sea una infidelidad. Para entender por qué una persona es infiel, hay que ir primero a la definición de fidelidad. Si se establece un acuerdo de monogamia, hay una relación donde ese acuerdo es una meta. Sabemos que todos los seres del mundo son falibles, están en evolución y pueden equivocarse antes de alcanzar su perfección de vida. Asimismo, la fidelidad interna, dirigida por un condicionamiento que necesita ser sanado, a veces puede lograrse a través de una infidelidad, para darse cuenta de qué es lo que se está proyectando al buscar algo que no se encuentra en el otro y descubrir en algún momento que no será posible resolverlo de esa forma.

Cualquier cosa que necesites encontrar será en ti, en tu interior, en tu conciencia. Cuando la depures y sostengas tu energía por ti solo, no necesitarás de nadie que te apoye, sostenga o comprenda porque tú ya lo haces contigo. Si una persona te es infiel, seguramente tendrá necesidades que cubrir según sus definiciones o creencias sobre el Amor, que lo hacen responsable de las consecuencias. Comprender su vulnerabilidad y falta de claridad desde la empatía y el Amor incondicional, podrá ayudar a otorgarle el perdón. Esa persona, como los demás, tiene también algo que resolver en sus carencias, abusos o abandonos, para vislumbrar el camino que puede emprender. Si a ti alguien te es infiel, pregúntate cuál es tu necesidad de elegir a una persona que en cierta forma busca comprobar y compensar contigo sus carencias y falta de Amor. ¿Dónde está la resonancia o la afinidad que tienes que comprobar tú? Por eso vienes a enseñar y recibir enseñanzas, porque siempre habrá algo por solucionar con esa persona en particular.

Si resuelves tu huella, el patrón que estas formen será reconocido y bendecido, y se disolverá gradualmente; tu próxima pareja tendrá también esa afinidad, ese asunto arreglado o solucionado, y te dará otras lecciones, como tú a ella. Pero, ¿qué sucede cuando tú eres la tercera persona? La mayoría de los amantes de personas comprometidas o casadas esquivan resolver sus miedos internos a ser lastimados en una relación verdadera y libre. Una relación extramarital puede ser cómoda ya que reciben cariño en ciertas dosis e incluso llegan a enamorarse; aunque existe la posibilidad de que sí sean parejas ideales, pasar por los procesos para estar juntos implica que compartan un gran Amor interno ambas, lo que no suele ser así. Lo que no es cómodo es la culpa que esto genera; entonces, la mente crea innumerables pretextos de la persona comprometida para justificar su acción como parte de ese triángulo amoroso.

Todas las posturas son perfectas; cada quien necesita vivir el rol solicitado para poder aprender la lección que lo despierte y lo lleve al siguiente paso de Amor interno. Y las pruebas se experimentarán las veces que sea necesario; no pueden evitarse sino hasta que la lección sea aprendida, así que si sigues en un patrón que parece interminable, agradece las experiencias y sentirás un cambio.

He tenido el enorme gusto de conocer personas hermosas y el caminar con ellas a lo largo de mi vida ha sido muy enriquecedor. Quiero que te veas igualmente agradecido por entablar las relaciones que necesitas para amar profundamente. Así, cuando veas a tu siguiente pareja, mira su totalidad y desde ese lugar conéctate con ella. Tú puedes crear relaciones sagradas. Se requiere la voluntad de ambos de elevar la conciencia, permitiendo el estado del Amor, de modo que sea Dios quien guíe su camino en la apertura del corazón.

Shanya

Meditación para alcanzar el Amor sentimental (o de pareja)

Esta meditación te servirá para limpiar tus creencias sobre el Amor de pareja y también creará un camino que te guiará hacia una nueva pareja o una nueva visión sobre la actual.

a) El inicio. Prende tu vela y abre un espacio sagrado. De igual forma, antes de iniciar esta meditación, llama al maestro Volutier y a mí (como Shanya), así como a tus guías, para ayudarte a trabajar tu sanación. De preferencia, prende una vela blanca para todas las prácticas.

b) Tu postura. Como en todas las meditaciones, siéntate en una postura cómoda, ya sea en una silla o encima de un cojín donde tu cadera quede arriba de tus rodillas y tu espalda, derecha.

Apaga radio, televisión, teléfonos o cualquier otro aparato que puedan distraerte.

Cierra los ojos; si no te gusta cerrarlos, déjalos semiabiertos, con la mirada relajada, y céntrate en tu respiración. Pon atención a cómo entra y sale el aire. Coloca tus manos en tus muslos con las palmas hacia arriba para que tu pecho se abra, o busca dónde ponerlas de una manera que te permita sentirte cómodo.

c) La práctica. Medita unos minutos y expresa: "Pido a los maestros que sean sanadas las heridas generadas por mis creencias respecto al Amor de pareja que en este momento me bloquean y limitan en el Amor genuino y sólido". Observa cómo el centro de tu corazón se prende y comienza a dar vueltas hacia la derecha. Una energía verde entrará por tu coronilla, pasará por tu corazón y saldrá por el frente de este transformada en color rosa. Esto durará unos minutos hasta que te sientas menos pesado. Puedes permanecer meditando en la sensación de sanación unos 30 minutos.

En los siguientes días recordarás experiencias y tu visión de las personas será más certera.

De ahora en adelante, la amabilidad será una respuesta en tu vida.

D) Duración y culminación. Realiza esta meditación durante dos meses y siempre que sientas que necesitas trabajar el matiz del Amor de pareja o algo no funcione bien en tus relaciones.

Termina dando gracias, bendiciendo quién eres.

Apaga tu vela.

Se le llama Amor mental porque por medio de tu mente te conectas con otro ser a quien calificas como alma gemela o llama gemela; nosotros los maestros le llamamos alma de compañía. Se trata de reencuentros entre almas que fueron pareja anteriormente, en otras vidas, y que han repetido estos encuentros para poder realizarse o por distintas razones, como continuar su camino de enseñanza y sabiduría.

La forma de comunicarse cuando estas vidas se recuperan e integran se conoce como Amor mental, un Amor que comienza con telepatía: la persona con más evolución se comunica con la conciencia del otro para preguntarle y charlar sobre cualquier cosa. De esta manera, se crean realidades sobre la línea de tiempo de ambos.

Esta forma de conversar ejerce un efecto con retraso de unos días sobre la otra persona, para que comprenda la charla en un nivel inconsciente. Asimismo, es posible enviar impresiones o imágenes de una persona a otra para transmitirle conocimientos o sucesos.

Primero se realiza una reconexión en la que estas almas se reconocen y se sienten: una piensa en la otra y el otro siente cómo esa energía la tiene enfrente en forma circular, con movimiento; a veces incluye la ensoñación como forma de comunicación, ya que con la mente puede pedir ayuda al cuerpo doble etérico para comunicarse más plenamente.

Estas comunicaciones o Amor mental tienen el potencial de hacer diagnósticos y realizar sanaciones a distancia, con la mente y también con el doble etérico, de ser necesario. Muchos son viajes mentales que se crean para proyectar algún tipo de estado requerido.

Se pueden incluir teletransportaciones incluso con el cuerpo físico, el cual, por medio de la manipulación de la mente, que visualiza a dónde quiere ir, atrae a todos sus cuerpos y se manifiesta en ese lugar. Esta habilidad requiere mucha experiencia, práctica y control sobre la finalidad, ya que es un don otorgado para quienes sabrán hacer uso de él por mérito, por misión o por conocimiento. Igualmente, la telepatía se desarrolla para conectarse con otros seres que no fueron pareja pero que reaparecen en tu vida para continuar el intercambio de energía y experiencias.

La telepatía es un don que todos los seres humanos tienen, pero no todos desarrollan. Este matiz es un ejemplo de su uso en la expresión del Amor.

Meditación para alcanzar el Amor mental

El Amor mental te impulsa a reconocerte también como un Ser elevado que mira a través de las imágenes de la conciencia, y no de las emociones surgidas por los pensamientos condicionados.

Esto quiere decir que cuando se desarrolla el pensamiento es más puro en su expresión, lo que permite dirigir lo que se quiere crear de una forma más cercana al corazón y al Ser Superior.

a) El inicio. Prende tu vela y abre un espacio sagrado. De igual forma, antes de iniciar esta meditación, llama al maestro Volutier y a mí (como Shanya), así como a tus guías, para ayudarte a trabajar tu sanación. De preferencia, prende una vela blanca para todas las prácticas.

b) Tu postura. Como en todas las meditaciones, siéntate en una postura cómoda, ya sea en una silla o encima de un cojín donde tu cadera quede arriba de tus rodillas y tu espalda, derecha. Apaga radio, televisión o teléfonos que puedan distraerte.

Cierra los ojos; si no te gusta cerrarlos, déjalos semiabiertos, con la mirada relajada, y céntrate en tu respiración. Pon atención a cómo entra y sale el aire. Coloca tus manos en tus muslos con las palmas hacia arriba para que tu pecho se abra, o busca dónde ponerlas de una manera que te permita sentirte cómodo.

c) La práctica. Medita por unos minutos y observa una luz morada en tu entrecejo, muy brillante. Tan solo mírala y siéntela. Di: "Pido a los maestros que reconecten mi Amor mental con mi corazón para ver las estrellas del Amor divino y el alma gemela de esta vida, que están en mi camino".

Continúa meditando y centra tu atención en tu entrecejo y su luz.

d) Duración y culminación. Medita 30 minutos. Esta práctica se hace una sola vez o cuando es necesario abrir el tercer ojo enfocado a crear realidades de Amor mental.

Termina dando gracias y bendiciendo quién eres.

Apaga tu vela.

El Amor bien puede convertirse en un Amor sexual. Hablando de parejas y sentimientos intercambiados, este matiz es un espejismo constante que te ayuda a descubrir los sabores de la sexualidad revelada en tu intercambio con el otro.

También, existe el Amor que tu Ser intercambia con tu cuerpo, es decir, la masturbación.

La masturbación es un tema interesante. Por lo aprendido, puedes sentir mucha culpa cuando te tocas. Sin embargo, lo que no te dijeron es que para que el cuerpo humano se reproduzca adecuadamente y se traigan al mundo niños fuertes y sanos, es necesario que sus padres amen su cuerpo. De esta forma no cargarán energéticamente, y en su genética, las raíces de las culpas que hacen que las enfermedades se manifiesten en generaciones futuras. Si aprendes a reconocer las zonas donde te dan cosquillas y donde sientes más, o donde no te gusta tocarte, puedes dirigir tus sentidos igualmente hacia la comida, la visión, el canto, la música, el arte, y lo que creas y disfrutas por medio de tus sentidos y preferencias.

¿Te parece que es algo separado? No es así, todo está integrado y junto: el cuerpo se manifiesta a través de su sentir y su vibrar; se renueva según lo que percibes en él y tus líneas de energía de otras vidas y ancestros. ¿Cómo disfrutar el Amor sexual?

Tocando y reconociendo tus partes con Amor; hablando con ellas; diciéndoles que son perfectas y hermosas, y que han venido a darte placer, a enseñarte cómo sentir Amor a través de tu cuerpo y su contacto con otras personas. El disfrute de la sensualidad y la sexualidad viene del corazón, así tu alma estará contenta y regocijada de encontrarse también en el Amor sexual.

Muchos creen que el Amor de una pareja incluye forzosamente la sexualidad y a veces no es así. Hay parejas que pueden prescindir de ella y se consideran compañeros afortunados que no necesitan ese acercamiento. Esto es adecuado si las dos almas así lo han acordado y el fin de estar juntos es acompañarse y apoyarse en un camino de despertar y gozo espiritual. Por eso, tu acercamiento con la sexualidad o el Amor sexual viene de tu interior, de ti contigo, de cómo te aceptas y te reconoces como ser de luz sexual y amoroso. Así, tengas o no tengas pareja, siempre estará disponible para ti tu Amor sexual, tu Amor íntimo en relación con las vibraciones de tu cuerpo y células que se conectan con tus chakras o centros de energía. Podrás reconocer cómo alcanzar el éxtasis con tus células cuando se conectan con tu energía sexual proveniente de tu matriz o tu próstata.

Ese intercambio de energía que circula permanentemente y nutre de alegría y expansión, genera un cambio de humor y da certeza interna clara de sostén y unidad. Ese éxtasis puedes manejarlo en tus meditaciones, puedes llevarlo a visualizaciones y otros estados para reconectarte y sostener tu trabajo previo.

La energía sexual bien usada con conciencia llevará a tu vida a manifestar los matices del Amor con mucha más fuerza, creando un cambio colectivo en torno a ti y tus pensamientos. Una energía que se contamina con otras personas sin una práctica efectiva de su sexualidad o con muchas parejas que cargan esencias que no son suyas, perjudicará tu forma de intercambio, así como tu percepción sobre el Amor, lo que creará enfermedad, mal humor y neurosis.

Siempre podrás acceder a este matiz del Amor pero, una vez que lo sostengas, que lo sepas manejar y no lo ensucies, tendrás una diferencia muy amplia en tus pensamientos, en tu energía del día a día y en tu poder de manifestación, así como en tus relaciones.

Tu cuerpo está hecho de fibras orgánicas que emanan, que mueven la energía y la sangre hacia todas partes, y que están conectadas con tus emociones y tu mente. De tal forma, cada cosa que piensas y sientes, la sienten tus células. Por eso, la resonancia que tengas tú con los demás y contigo mismo, tendrá efecto sobre tu salud y tus pensamientos. La sexualidad es un reflejo de tu salud; podrás decir que no la necesitas, pero tu corazón, ¿qué quiere? ¿Qué haces cuando ves a una pareja darse un beso o un abrazo, te inquietas? En ocasiones, quizá siempre, el alma quiere amar, porque somos seres conectados con las mismas células y las mismas almas, con vidas pasadas y vidas actuales.

Mucho aprendizaje viene de esas experiencias y de reproducirse como clan. Sí, con la gente que es como tú y que piensa como tú, ¿habías pensado en ello? Bueno, es una necesidad del alma, del corazón y física, ya que al tener contacto con genitales y mover e intercambiar las energías internas, las sustancias especiales de la mente y el cuerpo se activan y crean distintos tonos de emociones que te acercan a lo que conocemos como Amor.

Si sabes manejar las energías que sientes cuando tienes un orgasmo o un éxtasis, puedes llevarlas a un estado amoroso de meditación, a un despertar. Verás que hay mucho más que el contacto físico, podrás unificarte con la conciencia de la otra persona o tu propio Ser si es solo contigo.

¡Y eso es maravilloso!

Meditación para trabajar el Amor sexual

Trabajar el Amor sexual implica limpieza de creencias y también de tu cuerpo astral.

a) El inicio. Prende tu vela y abre un espacio sagrado. De igual forma, antes de iniciar esta meditación, llama al maestro Volutier y a mí (como Shanya), así como a tus guías, para ayudarte a trabajar tu sanación. De preferencia, prende una vela blanca para todas las prácticas.

B) Tu postura. Recuéstate sobre la cama o donde te puedas acostar. Pon una almohada no muy grande debajo de tu cabeza y otra debajo de tus rodillas para que tu sacro esté plano y no te moleste.

C) La práctica. Céntrate en tu respiración y unos minutos después di: "Pido a los maestros que mis creencias y heridas que en este momento obstruyen mi flujo energético, expansivo y sexual sean sanadas y restauradas a su origen de la forma más suave y sana posible". Imagina que ves una cápsula dorada y tú estás dentro, céntrate en respirar y permite que seas limpiado y restaurado.

D) Duración y culminación. Después de esta sanación podrás experimentar la sensación de una luz que te carga y recordar eventos en tu vida que te hayan afectado. Permite que tus emociones fluyan; si sientes deseos de llorar o te enojas, hazlo, es normal.

Realiza esta meditación una vez y repítela a los 15 días.

Termina dando gracias y bendiciendo quién eres.

Apaga tu vela.

El Amor filial es el Amor entre padres e hijos. Aquí podrás verte en ambos casos o solo como hijo. Recordarás cómo fue ser hijo de tus padres y habrá innumerables situaciones hermosas que te llenarán de alegría y otras, tal vez muchas, que no te traerán buenos recuerdos. Siempre existe ese reconocimiento de lo que la memoria quiere recordar y sostener como energía que levanta o deprime tu ánimo, y lo proyecta en tus palabras y acciones.

El Amor de un hijo mira al padre o la madre en un principio, como seres universales grandes y poderosos, muy cercanos a la fuente de donde viene el alma. No obstante, a veces tu percepción es todo lo contrario, por ejemplo, si viviste con un ogro, un ermitaño o una persona indiferente. Eso deforma tu percepción pero los padres, al igual que tú, tienen su fórmula y acuerdos descritos y acordados antes de venir a vivir una vida aquí, en la Tierra, en esta dimensión. Por eso, ellos fueron hijos también. Hay mucho sobre el Amor entre padres e hijos que se confunde con derecho sobre estos, lo que hace que dejen de verse como seres independientes.

Tus padres son personas que, al igual que tú, viven una experiencia, un viaje, una aventura de vida, en la que tienen que aprender, según su misión (esa parte de enseñanza para recuperar su memoria y llegar sentir el Amor en plenitud). Estos son los que llamamos "padres en camino", padres que buscan su verdad, que enseñarán a sus hijos cómo desprenderse y encontrarse a sí mismos. Pero no todos tienen esa visión; es más de las personas espirituales como tú, que quieren crecer y desarrollar su conciencia.

Los padres son seres humanos comunes y corrientes que de la mejor manera que pueden resuelven su vida, entienden su realidad y manifiestan su parte sana y su parte neurótica. Mucho hay que comprender sobre el Amor incondicional hacia uno mismo para recuperar el Amor compasivo con uno y con nuestros padres, para perdonarlos y encontrar su luz en su verdad, en su forma y su intento de resolver el enigma de lo que son. Es necesario cortar ese lazo cósmico que te lleva o te llevó a unirte con ellos. ¿Cuál es la mejor forma de lograrlo? Entenderlos como seres independientes de ti; agradecer el linaje y la línea de ancestros, sabiduría, filosofía y virtudes que te heredaron y enseñaron; bendecirlos y darles la pauta para que sigan reconstruyendo sin tener que hacerse ya cargo de ti.

Si te consideras como ser independiente con tu alma y todos los matices del Amor que aquí te ofrecemos, verás que tu capacidad de amar es tan grande que el resultado en tus relaciones, incluyendo aquella con tus padres, será extraordinario. No solo dejarán de molestarte, sino que admirarán tu esfuerzo porque ya no habrá respuestas defensivas, ni lamentos sobre sus comentarios o acciones. Tú buscarás tu nuevo camino, en el que podrás incluirlos o no, según convenga a tu sanación. Mas si ya eres padre, ¿cómo ves ahora a tus hijos? ¿Puedes verlos con la responsabilidad que adquiriste? ¿O consideras que son parte de tu propiedad y tú decides sobre sus personalidades, lo que es mejor para ti y para ellos? Los hijos están a tu cargo según lo acordado entre ambas almas hasta que puedan ser independientes en su corazón y su mente, como a los 19 años de edad. En esta etapa, en ciertos momentos tú decides y eres guardián de su desarrollo, pero, a medida que crezcan, tendrán sus opiniones y tomarán sus decisiones. Es importante no exigirles como si fueran adultos. Un niño crece a lo largo de estos 19 años en los aspectos motriz, emocional, físico, hormonal y mental, y crea una conciencia individual que después se vuelve colectiva también.

Es decir, se da cuenta de que ya no es él solo, están los demás y los grupos de personas con los que se identificará y crecerá.

Además, esa personita tiene sentimientos y opiniones que pueden ser muy diferentes o muy parecidos a los tuyos. Absorben y encuentran mucho de su sentido de la vida en lo que tú pregonas y das ejemplo. Si es así, entonces, ¿cómo ves sus definiciones? ¿Eres tú un ser que lleva una vida sana? ¿Cómo crees que crecerá tu hijo con tu ejemplo? Nuestra intención no es hacerte sentir culpable, sino que te des cuenta de que la forma como eres es un reflejo de la forma como educas a tus hijos, y ellos tendrán que separarse algún día de ti, no tienen por qué hacerse cargo de ti, ni resolverte nada, ni te deben nada. Si en tu vida hay Amor filial, respeto de los roles de cada familiar, adquiridos u otorgados, es necesario revisarlos y ordenarlos según vayan creciendo. Ser hijo siempre será así y ser padre siempre será así. Es solamente una definición más.

Todos son seres de luz en desarrollo y todos son seres en evolución con la mente en caos y en vía de liberarse y llegar a la paz interior.

Los hijos son un regalo del cielo.

Meditación para trabajar el Amor filial

El Amor de los hijos tiene que ser restaurado a partir de la conexión de lealtad exigida por el condicionamiento. Aquí se cortarán las lealtades falsas que no te ayudan a ti y que, como resultado, cortarán las de tus hijos para ser seres libres de elección.

A) El inicio. Prende tu vela y abre un espacio sagrado. De igual forma, antes de iniciar esta meditación, llama al maestro Volutier y a mí (como Shanya), así como a tus guías, para ayudarte a trabajar tu sanación. De preferencia, prende una vela blanca para todas las prácticas.

B) Tu postura. Como en todas las meditaciones, siéntate en una postura cómoda, ya sea en una silla o encima de un cojín donde tu cadera quede arriba de tus rodillas y tu espalda, derecha. Apaga radio, televisión o teléfonos que puedan distraerte.

Cierra los ojos; si no te gusta cerrarlos, déjalos semiabiertos, con la mirada relajada, y céntrate en tu respiración. Pon atención a cómo entra y sale el aire. Coloca tus manos en tus muslos con las palmas hacia arriba para que tu pecho se abra, o busca dónde ponerlas de manera que te permita sentirte cómodo.

c) La práctica. Céntrate en tu respiración unos minutos. Llama ahora a tus padres celestiales y di: "Honro a mis padres biológicos y agradezco su infinito Amor y su deseo de que yo existiera, mas pido sean cortadas todas las lealtades prometidas por los condicionamientos que ya no funcionan en mi sistema, deseando convertirme en un ser libre y dejando ser libres a mis hijos en la forma más sostenida y en luz para todos".

Quédate ahí una media hora, permitiendo que esta restauración se realice, centrándote en tu inhalación y exhalación. Te sentirás más libre y amoroso en tus relaciones con tus hijos y tus padres.

d) Duración y culminación. Esta meditación solo se hace una vez.

Termina dando gracias y bendiciendo quién eres.

Apaga tu vela.

Matiz cósmico

El Amor cósmico se vincula con las entidades de clanes que están en otros Universos y que en su unificación con este Universo, se conectan con todos los mundos, al igual que nuestra raza, la humana. Tú tienes estos dones de comunicarte con otros clanes, tus clanes de origen de vida. Tu espíritu se originó de cierto clan galáctico y esta conexión perdura por siempre en ti, aunque un clan puede desaparecer por completo (ya que al fin esa energía únicamente pasa a ser otra forma de energía y perdura como parte de los elementos del Cosmos).

Estas conexiones resultan muy interesantes ya que permiten transportaciones, conocimientos, retribuciones, investigaciones sobre el estado de Amor, sobre la energía del alma de un clan en unidad con la energía divina del Cosmos. Son diferentes formas en que el Amor se sostiene y se manifiesta de diversas maneras hasta que se complementan.

Para encontrar o sentir este Amor tan expansivo que te permite moverte en distintas dimensiones y galaxias, es necesario formar parte de un proceso de integración de vidas pasadas y recordar registros de memorias perdidas para reconocer estos linajes con los cuales se ha trabajado en distintos momentos y distintas dimensiones. La información recolectada permite que el ser humano pueda expandirse desde el sexto chakra (entrecejo) hacia su conciencia superior, y elevarse para reconectarse con maestros cósmicos celebrando y saturando su conciencia de la información que necesite para la misión que lleva en la vida.

Esta expansión e información tienen más que ver con misiones de conciencia planetaria. Llegan a personas capaces de crear redes y transmitir, uniendo eslabones, o intentos de conexión en diversos puntos del planeta, creando movimientos colectivos para modificar la conciencia de una ciudad, una comunidad, un país o todo el mundo. Cuando un ser consigue esa conexión total, la expansión afecta a toda la galaxia y a todo el Universo. La finalidad única de este Amor es que un día todas las galaxias sean reconectadas en sus formas de Amor y expansión hasta volver a ser un todo completo y desaparecer en esta unificación. Para que eso suceda, deberán transcurrir varias eras y transitar distintas pruebas en los planetas y las galaxias para fortalecer los sistemas, y crear estas líneas de conocimiento y manifestación de la conciencia universal del Creador de todo lo que es. Así, un ser que se ilumina tras integrar todas sus experiencias y misiones se integra con todos sus linajes, lleva esa expresión en una unificación de su espíritu y cocrea nuevas realidades en otros mundos superiores.

Meditación para trabajar el Amor cósmico

Esta meditación te ayudará a mover tus memorias de vidas pasadas para que las integres según lo que necesites en este momento.

a) El inicio. Prende tu vela y abre un espacio sagrado. De igual forma, antes de iniciar esta meditación, llama al maestro Volutier y a mí (como Shanya), así como a tus guías, para ayudarte a trabajar tu sanación. De preferencia, prende una vela blanca para todas las prácticas.

b) Tu postura. Como en todas las meditaciones, siéntate en una postura cómoda, ya sea en una silla o encima de un cojín donde tu cadera quede arriba de tus rodillas y tu espalda, derecha. Apaga radio, televisión o teléfonos que puedan distraerte.

Cierra los ojos; si no te gusta cerrarlos, déjalos semiabiertos, con la mirada relajada, y céntrate en tu respiración. Pon atención a cómo entra y sale el aire. Coloca tus manos en tus muslos con las palmas hacia arriba para que tu pecho se abra, o busca dónde ponerlas de manera que te permita sentirte cómodo.

c) LA PRÁCTICA. Guarda silencio unos minutos y aquieta tu mente. Céntrate en tu respiración, y di: "Pido a los maestros que me ayuden a que el Amor expansivo y cósmico crezca en mi ser, sanando e integrando lo que en este momento necesito".

Medita durante 20 minutos. Pronto después de esta práctica empezarás a sentir la diferencia.

d) DURACIÓN Y CULMINACIÓN. Alrededor de 40 minutos. Es una práctica que puedes hacer después de las anteriores, cuando lo creas necesario.

Termina dando gracias y bendiciendo quién eres.

Apaga tu vela.

Matiz celestial

El matiz celestial del Amor reside en tu contacto con el mundo superior, tus guías y tu alma. Estos están continuamente vinculados con tu Ser Superior y este, a su vez, con el Universo.

Sin embargo, ese Universo, como muchos lo definen, se restaura con nuevos estados y matices hacia uno más radiante de celebración de los cambios planetarios. Por eso, el Amor celestial es un matiz que te lleva, cuando ya lo conoces, a sentir en tu más alta plenitud tu existencia como ser de luz, como ser que trae para sí mismo y para la universalidad, la creación de un mundo nuevo y mejor, con cambios de tonos más rápidos y más permanentes.

El Amor de los seres de luz no es un Amor que se limite, se canse, o se desvanezca. Es parte de la esencia de estos mundos.

Los reinos y las dimensiones más altos son los que te revelarán otra dimensión de tus dones y tus capacidades de realización interna.

Si has sentido que te acercas a un minuto de silencio sin perturbaciones y te ves sin cuerpo, sin forma, sin nada que hacer o sentir, es muy probable que te encuentres cerca de este matiz de Amor.

El Amor te guía a comprender tu vida cuando te sientes confundido o tu perfección es indefinible, extraviada. Y regresar a saber quién eres a veces es difícil, complicado e incluso imposible si no tienes ayuda suficiente.

Los maestros que hayan trabajado en estos mundos superiores –llamémosles maestros de luz, maestros ascendidos o maestros de linajes–, están a tu disposición según tu línea de vida y origen de alma, para que los contactes y te sostengan en tu camino.

Esa forma de sostener muchas veces te ayudará a reencontrarte con tus miedos y tus preocupaciones terrenales, llegando justo cuando tienes que dejar ya de quejarte y sufrir para que mires al cielo y veas otra realidad más allá de ti, de lo que tienes enfrente.

Cuando amas profundamente al Universo y bendices cada cosa que sientes, manifiestas o encuentras, te pones en contacto con la energía de tu Ser Superior, que te llevará a ver y sentir la esencia de la espiritualidad. Aquí comienza muchas veces ya esa conexión tan amplia y que se acrecienta según pasan las prácticas y el tiempo.

Meditación para trabajar el Amor celestial

Esta práctica te servirá para conectarte con tus guías. Puedes hacerla cuando lo sientas necesario. Ellos siempre te escuchan, se trata ahora de que tú los escuches mejor y comiences a dirigir tu vida con su ayuda de forma más consciente.

a) El inicio. Prende tu vela y abre un espacio sagrado. De igual forma, antes de iniciar esta meditación, llama al maestro Volutier y a mí (como Shanya), así como a tus guías, para ayudarte a trabajar tu sanación. De preferencia, prende una vela blanca para todas las prácticas.

b) Tu postura. Como en todas las meditaciones, siéntate en una postura cómoda, ya sea en una silla o encima de un cojín donde tu cadera quede arriba de tus rodillas y tu espalda, derecha.

Apaga radio, televisión, teléfonos y otros aparatos que puedan distraerte.

Cierra los ojos; si no te gusta cerrarlos, déjalos semiabiertos, con la mirada relajada, y céntrate en tu respiración. Pon atención a cómo entra y sale el aire. Coloca tus manos en tus muslos con las palmas hacia arriba para que tu pecho se abra, o busca dónde ponerlas de una manera que te permita sentirte cómodo.

c) La práctica. Medita durante unos minutos y di: "Pido a los maestros que comience mi comunicación con mis guías de forma más limpia, clara y entera, eliminando mis obstáculos y bloqueos según lo necesito ahora, de forma gradual y sana".

Verás frente a ti a uno de tus guías, quien te sonríe, te abraza y te dará un regalo muy brillante que pondrá en tu aura para que tu conexión se amplifique como una antena.

d) Duración y culminación. Quédate ahí y medita por unos 30 minutos. Realiza esta práctica una sola vez.

Termina dando gracias y bendiciendo quién eres.

Apaga tu vela.

Este matiz corresponde al Amor instintivo, el Amor de tus inicios de supervivencia. Como ser biológico y ser humano, la conexión con el alma desde su origen cuando eres un infante está totalmente hecha y según vivas la vida, esto se obstruye hasta que te olvidas del Amor y este desaparece. Sin embargo, se conserva un Amor, o la esencia del Amor, que tiene que ver con lo que eres. Si lo evocas, sentirás a nivel de fibras celestes y físicas tu conexión con el Universo, los árboles, tu respirar y tu conciencia.

De este principio básico surge la percepción, adecuada o imperfecta, de lo que creemos que es el Amor. El Amor en sí, el Amor de los padres, el Amor de los hermanos, el Amor por los demás, esa pureza que más adelante se contamina según las experiencias que vivas, genera innumerables experiencias virtuosas y recuerdos de tu infancia agradables o desagradables. Y ellos crean en ti y en tu realidad el camino llamado vida… que es tu destino.

Este Amor elemental se relaciona con los elementos de la Tierra y del Cosmos, con el agua (tus líquidos), el fuego (tus huesos), el metal (tu pensamiento), el aire (tu expansión), la tierra (tus músculos) y el éter (la conciencia divina). Si lo miras desde tu interior y desde fuera de ti, percibirás un solo Amor universal, el del Creador, porque la unidad es la que existe siempre. El matiz elemental es únicamente lo que recuerdas de lo que fuiste en otras vidas y que va quedando en ti, en tus primeros cuatro años de esta vida que se solidifica, y, según lo que hayas vivido, te crea una personalidad neurótica o carismática.

Este matiz te permite relacionarte mejor o peor con los animales, los elementos, y los árboles, por ejemplo. Si te gusta estar en contacto con la naturaleza, es muy probable que tengas o hayas tenido una relación fuerte con el Amor elemental en alguna vida, y la pureza de esa relación contigo es lo que se asoma en esta vida. Para recuperar este matiz de Amor es necesario aceptar que cuentas con todos estos elementos dentro de ti, como capas finas de mensajes activos en tu interior, de lo que crees que está fuera con lo que sí eres y que está en todos lados.

La reactivación y reconexión de este Amor, así como su unificación con los demás matices, generarán en ti un sentimiento de unificación y liberación de los miedos y los obstáculos de tu mente, ya que la totalidad empezará a revelarse en tu ser.

Meditación para trabajar el Amor elemental

Es importante que te conectes con los animales y los demás seres vivos, ya que eso te ayudará a crear tu conexión macrocósmica y ampliar tu sentido de Amor y compasión.

a) El inicio. Prende tu vela y abre un espacio sagrado. De igual forma, antes de iniciar esta meditación, llama al maestro Volutier y a mí (como Shanya), así como a tus guías, para ayudarte a trabajar tu sanación. De preferencia, prende una vela blanca para todas las prácticas.

b) Tu postura. Como en todas las meditaciones, siéntate en una postura cómoda, ya sea en una silla o encima de un cojín donde tu cadera quede arriba de tus rodillas y tu espalda, derecha. Apaga radio, televisión o teléfonos que puedan distraerte.

Cierra los ojos; si no te gusta cerrarlos, déjalos semiabiertos, con la mirada relajada, y céntrate en tu respiración. Pon atención a cómo entra y sale el aire. Coloca tus manos en tus muslos con las palmas hacia arriba para que tu pecho se abra, o busca dónde ponerlas de una manera que te permita sentirte cómodo.

c) La práctica. Medita durante unos minutos. Ahora mira enfrente de ti a un animal. ¿Reconoces qué tipo de animal es? ¿Cuál es su relación contigo? Ahora di: "Pido a mi ángel guardián su ayuda para activar el Amor elemental y tener una conexión adecuada con los animales y demás seres vivos. Que ese recuerdo regrese y sea ya parte de mí". Quédate ahí y medita unos 20 minutos.

Un animal de poder llegó a ti; estará mandándote señales de este matiz de Amor y de cómo vivirlo desde tu corazón. Verás que desde ahora será más fácil tratar, admirar y entender el Amor de estos seres.

d) Duración y culminación. Haz esta meditación una sola vez.

Termina dando gracias y bendiciendo quién eres.

Apaga tu vela.

Otros matices

En esta sección analizaremos otros matices del Amor, los cuales surgirán naturalmente cuando hayas completado todas las meditaciones anteriores correspondientes a los primeros matices.

Analicémoslos juntos.

Atrévete a sonreírle a tu espíritu y a ser Amor.

Matiz liberal

Este matiz nos habla de la libertad, una cualidad intrínseca del Amor, una fortaleza cuando logramos delimitarla y tenerla y contemplarla con claridad. La libertad es un elemento esencial, del que no puede prescindir el Amor como estado. Un estado completo de Amor, siempre tendrá presente la libertad. Cuando no hay decisión formal o libre albedrío en una acción, no hay Amor, sino manipulación y miedo. Desde luego, es necesario comprender cómo es el Amor en todos los sentidos, pero siempre que empezamos a verlo de forma transparente y contundente, el Amor es libre.

¿Por qué no habría de serlo? ¿Por qué o quién dice que el otro te pertenece o que cierto objeto es tuyo? Si lo peleas, si lo retienes, si te obsesionas, no hay Amor, no hay libertad y no podrás llegar a la manifestación entera y sostenida de la fuerza de la libertad, al desprenderte de apegos y sabores oscuros y amargos. Si no comprendes que el dinero no existe para liberarte, estarás atado a él, no serás libre, no podrás generarlo y gozarlo. ¡Por supuesto! Porque tu atención, o radica en la libertad del Amor, o radica en la libertad financiera pensando que esta te dará lo otro.

Muchas veces no quieres sentirte presionado, pero te presionas porque no confías en el Amor, en que este estado te proveerá de lo que necesites y, al mismo tiempo, te ayudará a ver que nada necesitas para sentirte bien y feliz. Qué irónico, ¿cierto? Si no confías en la pureza y en los pasos que caminas, ¿en qué o en quién confiarás? Ahí está la clave, ahí está el detalle. Confía en los procesos de la vida, en las experiencias que, al analizarlas, te permiten revisar tus historias y calcular el daño permanente causado, así como el camino nuevo por emprender para suavizar y pulir los remanentes que todos pueden resolver y transformar en simpleza y liberación, cuando el Amor es libre, sin expectativas.

Las cualidades del Amor en libertad tienen en común el sentido del respeto, y eso significa que las galaxias y el Universo entero son libres. Si bien todo está relacionado y conectado, siempre hay una razón para dar paso a los eventos que suceden todo el tiempo, aunque parezcan irreales. ¿Cuál es esa razón? La búsqueda de la verdad, del Amor infinito, de la conexión con todo. Y eso está a tu alcance.

Las cualidades espirituales de un ser humano siempre están presentes, pero no se les da importancia. No las ves como atributos que se manifiestan todo el tiempo y envían señales para tu despertar. Ves tu vida solo en la rutina y en ocasiones te llevas grandes sorpresas. Mas esas cualidades por despertar te llevarán a verte como realmente eres, sin las ataduras de la mente y las emociones, mostrándote un Amor más sencillo, libre y cordial.

Las personas tienden a sentirse menos al no contar con una autoestima fuerte en sus sistemas de creencias. Esto no les permite sentir el Amor que trasciende cualquier obstáculo, que propicia distintos despertares y crecimientos de conciencia.

Este matiz del Amor permite que se transmute cualquier obstáculo, es una cualidad del Amor interno que se conecta con la sabiduría del alma. Es desde aquí, desde el corazón, donde se conecta con el segundo chakra, donde se obtiene la depuración necesaria para que la conciencia determine el fallo mental que está generando, que impide entender lo que hay que procesar y finalmente liberarlo.

Muchos de los procesos que trascienden están integrados por este puente que se crea, ya que la mayoría de los bloqueos afectan la energía sexual que dirige el canal energético del corazón. El pensamiento manda la señal al corazón para crear una emoción funcional o disfuncional. Cuanto más se liberen las huellas y los abusos, las creencias se volverán menos densas y más fáciles de trascender.

Igualmente, la muerte en sí misma es un paso hacia la trascendencia, hacia la liberación del alma cuando este puente se tiende correctamente. Siempre que exista el Amor esencial, te llevará a la trascendencia. Trascender es pasar de un lado a otro mejor; en cierta forma, es un puente que te lleva a una realización, a un estado más exacto en el que la enseñanza se ve y se suelta, se convierte en sabiduría. Por eso la muerte es un puente entre esta vida realizada y el próximo estado donde la realización continúa en diferentes planos y niveles.

Mucho de lo que ya sabes se confirma por medio de este matiz del Amor. Es el Amor que ayuda a transitar, a crear un estado especial para que puedas realizar los procesos genuinos de crecimiento, donde el ego se diluye y es transformado en claridad y luz.

Matiz de renacimiento

Este matiz surge cuando, después de tantos años, empiezas a ver que hay mucho más allá en ti, en tus ideas, en tu belleza, en tus relaciones, en tu creatividad, en tu libre albedrío y tus pensamientos. Renacimiento significa "volver a nacer o rehacer".

Es también una oportunidad que tu espíritu le brinda a tu alma para que, después de tantas pruebas, se reconozca a sí misma y acepte su misión de vida y lo que es como ser de luz y evolución. Así como el temazcal hace florecer al espíritu y le da vida, ayuda a que la mente se suelte al recibir el calor y deje de luchar.

Cuando dejas de luchar y de mirar hacia atrás, a tu pasado, vuelves la cabeza y renaces con un despertar. Te das cuenta por fin de todo lo vivido y logrado, lo que te muestra un camino nuevo y tal vez distinto, hacia el cual te diriges. Esos momentos de claridad en ti fortalecen tu estructura y permiten deshacerse de las ataduras mentales y emocionales que vas cargando y te mantienen paralizado.

Recuerda que, aunque parezca que estás al día con lo tuyo, no siempre es así; los renacimientos en Amor son oportunidades únicas y muchas veces pasan enfrente de ti.

Son esos momentos de tu interior, de tu instinto, en los que reconoces que hay algo que tienes que aceptar, resarcir, o sustituir en tu interior para que se genere un cambio, cambio que te permitirá soltar y decirte "¡Uf!, no estuvo tan fuerte como pensé" o "Por fin terminó". Entonces, quedas en un espacio vacío, sin estructura, sin saber para dónde vas, pero con una conciencia más clara y un sentimiento de esperanza… Por primera vez, ves el sol salir frente a ti. Te acompaña esa sensación de un día nuevo, de cómo comenzarlo y renovar tus pasos con mayor certeza y unidad sintiendo que estás mejor ahora.

El Amor creativo es un matiz de tu personalidad que cuando está conectado con el Amor de renacimiento, el mental y el interior, se manifiesta a través de ideas, viajes y experiencias que llevan al baile interno, al gozo, a la creatividad artística, a la sexualidad superior y a la liberación de los miedos. Ahora puedes ver cómo ciertos matices se intercalan, se mezclan, para dar lugar a estados de la conciencia diferentes. Cuanto más puros son estos matices, más puro será el resultado y, por ende, tu experiencia de vida.

Esto que se llama experiencia de vida siempre se encuentra en etapa de creación, pero muchas veces las creaciones son desastrosas y nada agradables. Entonces, hay que examinar los ingredientes de tu mezcla. ¿La ves? ¿Qué incorporas en un pensamiento? ¿Una emoción y una acción? ¿Cuál es el resultado? ¿Y si introdujeras en ese recipiente distintos matices y aspectos del Amor, cuál sería? Si eso lo hicieras en tu forma de hablar, ¿no serían increíbles los sentimientos y reacciones que generarías? Si de verdad lo crees, esta es la oportunidad idónea para ser lo más expansivo posible en tu creatividad. Mas esto no sucede solo cuando creas algo, sino al hacer movimientos colectivos. Digamos que llevas diario el pan a casa de tu mamá, es una tradición de mucho tiempo. Decides cambiar de panadero y mejorar el pan que comen con la intención de crear algo diferente. Eso permeará en la familia el sentido del Amor al comerlo, y ellos permearán con los demás la alegría o manifestación de una partecita de algo que recibieron con Amor.

Imagina también que así sea siempre. Cada vez que hagas las cosas con actitud genuina podrás llevar esta línea de Amor hacia ti y hacia todos lados como una fuente o como una cascada, limpiando y creando algo nuevo y significativo en tu vida, algo que sale de tu interior con una intención y una sensación de libertad inalcanzable e indescriptible.

Este tipo de matiz es un momento del ser humano en el que entra en contacto con sus guías y acompañantes elementales, que bailan y danzan con su corazón y lo envuelven en la magia de la radiación y luminosidad del sol, creando maravillas a su alrededor cuando se manifiesta.

El Amor que custodia siendo él mismo es el estado perfecto para crear nuevos proyectos. Toma una energía libre y sensual que se conecta con la danza interna, llegando a ser sostenido en este proceso cuando recibes esta gracia y eres capaz de transformarla en algo concreto. Digamos que tienes la idea de crear un concepto nuevo para un restaurante y ese concepto aún no nace. Por tanto, entras en contacto en un momento que cierras los ojos para ver con el alma esa solución creativa y residual de tu psique que ofrendará desde tu interior la magnificencia de lo que eres.

En ese momento, esa idea es un suspiro. Es solo algo que creaste desde antes de formularlo, porque el Universo y tus guías se han conectado con tu alma y lo han decidido. De tal modo, esa información se almacena en una cápsula que quedará cerca de tu aura como una semilla. Si te sientas en paz y relajación buscando la confianza para que llegue esa solución, la cápsula bajará y se abrirá para que puedas verla y sentirla. Cuando esa solución se ve a medias o se sabe que existe pero no se concreta, es que no se sembró bien la intención y no hay claridad en lo que se quiere.

Pero, ¿cómo se siembra bien esa semilla? Primero necesitas aceptar que tus guías existen y están a tu disposición para ayudarte a liberar todo lo que te estorba y no te deja fluir.

Con esa aceptación creas primero una conexión más clara y empiezas, entre otras cosas, a escuchar más sus mensajes con claridad. Después puedes ver imágenes de forma más genuina y en mayor cantidad, lo que crea en ti una idea más definida de lo que te quieren transmitir y lo que tú solicitas.

Los maestros y guías se regocijan contigo cuando danzas, cuando sonríes, cuando te das algo para ti, te reconfortas y te mimas. Y también sienten compasión y te brindan Amor cuando así lo necesitas, cuando estás triste, enojado, frustrado o fuera de ti.

Las danzas y creaciones únicas de este matiz se fortalecen cuando te has depurado lo suficiente para sentir que inviertes parte de tu esencia en lo que haces, piensas y sientes.

Baila en tu interior, llámalos, comparte con tus maestros y guías tu música interna, tu voz y todo lo que eres. Ellos bailarán siempre contigo.

El Amor independiente es el que incluye siempre esa visión de la conciencia pura y la conciencia colectiva. En su trayectoria, un ser humano siempre se ve separado de todos en algún momento, pero conserva en su interior una red que lo conecta con el exterior. El Amor es uno solo, aunque se manifiesta a medida que vuelves a encontrarte contigo mismo y sientes la verdad de lo que manifiestas; es decir, conforme el ser se fortalece, revela quién es, hacia dónde quiere ir y cuáles son sus maneras de existir, y encuentra sus linajes y voces, logra expandirse de forma colectiva con los lugares, los seres y los mundos. Solo sintiendo esa conciencia pura de sí mismo verá su totalidad en todos lados y en los demás.

Mucho se habla del "Yo Soy" y en ese contexto, si te revelas como la unidad completa siendo lo que sí eres y ubicándote donde sí estás, verás que no eres lo que pensabas, sino que eres todo en relación contigo mismo y tu inconsciencia. Tu conciencia y tu inconsciencia forman parte de muchos mundos y realidades conectadas con vidas pasadas y realidades alternas. Por eso puedes sentir o saber cosas que no percibías y también puedes confundirte si no permites que estas energías se integren de forma sostenida y natural.

La conciencia es esa parte de tu Ser que funciona a través de sus elementos, como el cuerpo físico y el cuerpo energético. Usa el pensamiento como herramienta cognitiva y esta, en sí misma, se oscurecerá o enturbiará cuando se somete a experiencias poco claras que en su momento revelarán una finalidad existencial hacia un descubrimiento neutro, dando un abrazo al infinito, hacia la parte del inconsciente que forma una estructura de ideas húmedas que se secan o desaparecen conforme esta conciencia se unifica a través de sus sistemas de defensa y Amor independiente. Así, este Amor se vuelca hacia un estado de interioridad profundo e intenso en su expresión del silencio.

El Amor es el fin último que te invita a contemplarlo como una oportunidad de crecimiento y expansión únicos. Cuanto más pronto comiences a reencontrarte contigo mismo, más pronto sentirás esa felicidad que tanto anhelas y llegar a entenderla, para expresarla, es un reto interesante y primordial para todo ser humano. Así que "manos a la obra", no pierdas tiempo en construir tu vida desde las versiones viejas de ti, sino desde los matices que aquí te hemos presentado.

Verás que cada uno de ellos modificará gradualmente tu realidad y tu camino de ascensión será asistido como lo necesites, en miles de formas.

Pide nuestra compañía y guía, usa decretos de la energía del Yo Soy, haz oración y sé Amor fuerte y abundante con tu ejemplo. No necesitas más.

Volutier

Para ti

Todas las expresiones del Universo llevan al Amor, así sea un punto oscuro, un volcán, una catástrofe o una pérdida...

Ahí hay Amor, porque todos los seres humanos se unificarán rumbo a un mismo momento y lugar.

Te amo.

Shanya

Alma: Energía pura de tu Ser total, que decidió separarse para venir a esta dimensión con el fin de crear esta vida. La personalidad y la mente limitan su presencia. Ella viene a expandirse y gozar.

Ángel: Ser espiritual que cuida, protege y guía a los seres humanos. No tiene cuerpo físico y pertenece a la quinta dimensión.

Chakra: Los chakras son centros de energía inmensurable situados en el cuerpo humano. Los principales son siete.

Clan: Grupo de gente unida por lazos de parentesco y ascendencia, vinculado por la percepción de ser descendientes de un ancestro común. La denominación proviene del gaélico clan, que significa "hijo" o "descendiente".

Conciencia: Conocimiento que el ser humano tiene de su propia existencia, del estado en que se encuentra y de lo que hace.

Consciente: Conocimiento que el ser humano tiene de su propia existencia en tiempo presente.

Cuadro espiritual: Guías espirituales que te acompañan a lo largo de tu vida para ayudarte a superar tus metas y experiencias. Ángeles, guías y animales de poder.

Despertar: Ocurre cuando la energía de una persona ha establecido contacto con su alma. Es la totalidad que requiere un humano para despertar junto con la energía del Universo. Así la persona llegará a la sabiduría y ya no tendrá que aprender porque solo recordará.

Destino: La inercia del Universo que delinea el orden de los factores para crear las situaciones indicadas. Determina también que una persona viva las experiencias que necesita vivir para evolucionar.

Ego: El yo individual. Se ocupa de la realización de las actividades psíquicas y del control de los impulsos del ello para adecuarlos a las posibilidades de la realidad externa. Es parcialmente consciente.

Egregor: Concepto que representa una "forma de pensamiento" o "mente colectiva de grupo", esto es, una entidad psíquica autónoma capaz de influir en los pensamientos de un grupo de personas.

Inconsciente: Conjunto de procesos mentales de los que no es consciente la persona que los tiene, pero que afectan su manera de obrar o su carácter. Es dirigido por el ego.

Linaje: Línea de ascendencia o descendencia de una familia o clan. En términos genealógicos, la serie de ascendientes y/o descendientes en cualquier familia de una persona considerada como el primero de un tronco o rama común.

Meditar: Aprender a estar contigo y liberarte del constante diálogo de la mente. A veces entras en silencio y a veces únicamente observas.

Misión: Propósito del alma para reencarnar en esta dimensión. Un alma tiene varias misiones y una de estas puede ser aprender una lección que elevará su conciencia.

Munay Ki: Nueve ritos de iniciación bajo el linaje chamánico de los queros de los Andes de Perú.

Observador: Estado mental y emocional de equilibrio en el cual se tiene la capacidad de ver y entender la vida, o situaciones específicas de la misma, sin caer en un protagonismo emocional.

Samsara: Ciclo de nacimiento, vida, muerte y encarnación (renacimiento en el budismo) en las tradiciones filosóficas de la India, el hinduismo, el budismo, el jainismo, el bön, el sijismo y también al parecer, en el gnosticismo, la masonería y otras religiones filosóficas antiguas del mundo.

Waiki: Hermano en el idioma quero de Perú.

Ser Superior: Tu ser inicial, es decir, tu espíritu. Este mismo es el que sale de la Fuente y al que se le encomienda una misión universal. Él decide vivir experiencias en ciertos mundos, entre ellos el planeta Tierra, para elevar su conciencia.

Shiva: En el marco del hinduismo, uno de los dioses de la Trinidad hinduista. Ayuda a eliminar el ego.

Universo: La totalidad del espacio y del tiempo, de todas las formas de la materia, la energía y el impulso. Sin embargo, el término también se utiliza en sentidos contextuales ligeramente diferentes y alude a conceptos como Cosmos, mundo o naturaleza o Dios.

Yin y Yang: Dos conceptos del taoísmo que exponen la dualidad de todo lo existente en el Universo. Describen las dos fuerzas fundamentales opuestas y complementarias, que se encuentran en todas las cosas. Luz y Oscuridad, por ejemplo.

Sobre la autora

Shanya (Marcela Robles), es escritora y diseñadora gráfica; buscadora innata de la verdad del Amor y las virtudes de los seres del Universo y sus misterios. Cuenta con más de 12 años de entrenamiento en desarrollo humano, meditación, filosofías de vida y terapias. Estudió chamanismo de diversas tradiciones con Monyca Bouras y chamanismo laiko peruano con Bernardo Camarena; tiene además la certificación como maestra de yoga con Georgina Martínez y otros maestros.

Imparte diplomados de espiritualidad y crecimiento personal. Es guía espiritual y practica la sanación energética y la canalización de diversos maestros ascendidos; ofrece consultas integrales y profundas llegando a los orígenes del paciente.

Es fundadora y colaboradora de proyectos de servicio a la comunidad y escuelas holísticas con enfoque de Amor y evolución.

Estimado lector: si desea que la autora imparta conferencias, talleres o cursos sobre el presente libro, o sobre algún tema en particular, por favor visite:

www.shanya.com.mx o escriba a: informes@shanya.com.mx

Gracias.